ESOTERISCHES
WISSEN

Herausgeber dieser Reihe Michael Görden

Ursula Fassbender

Intuitive Astrologie

Die lebendige Sprache des Horoskopes

WILHELM HEYNE VERLAG
MÜNCHEN

HEYNE ESOTERISCHES WISSEN
08/9600

Copyright © 1991 by Wilhelm Heyne Verlag GmbH & Co. KG, München
Printed in Germany 1991
Umschlaggestaltung: Atelier Adolf Bachmann, Reischach
Umschlagfoto: Elmar Kohn, Landshut
Zeichnungen: Piet Bogner, München
Satz: Kort Satz GmbH, München
Druck und Bindung: Presse-Druck Augsburg

ISBN 3-453-05246-3

Inhalt

Die Tierkreiszeichen

Widder	♈	Waage	♎
Stier	♉	Skorpion	♏
Zwillinge	♊	Schütze	♐
Krebs	♋	Steinbock	♑
Löwe	♌	Wassermann	♒
Jungfrau	♍	Fische	♓

Die Planeten

Sonne	☉	Jupiter	♃
Mond	☽	Saturn	♄
Merkur	☿	Uranus	♅
Venus	♀	Neptun	♆
Mars	♂	Pluto	♇

| Aufsteigender Mondknoten | ☊ |
| Absteigender Mondknoten | ☋ |

Die Aspekte

Konjunktion	☌	Quadrat	□
Halbsextil	⚺	Quincunx	⚻
Sextil	✶	Opposition	☍
Trigon	△		

AC	= Aszendent	IC	= Immum Coeli
DC	= Deszendent	MC	= Medium Coeli
F	= Feuer	k	= kardinal
E	= Erde	f	= fix
L	= Luft	v	= veränderlich
W	= Wasser		

…zu diesem Buch

Dieses Buch ist als Begleiter zum Horoskop gedacht. Ich möchte damit dem Wunsch vieler entsprechen, die bereits im Besitz ihres Horoskops sind, und nun selbst gerne mehr mit der astrologischen Symbolik arbeiten möchten, ohne sich mit dem theoretischen Fachwissen der Astrologie oder mit nichtssagender Trivialliteratur beschäftigen zu müssen. In dieser Hinsicht bekam ich immer wieder Anfragen von meinen Klienten. Doch auch dem astrologischen Laien mag dieses Buch als eine erste Inspiration dienen, sich mit einem Thema zu befassen, das ihm auf seiner spirituellen Suche eine wertvolle Hilfe sein kann.

In meinen Texten lasse ich viel Poesie sprechen, deren Schwingung in den Illustrationen von Sabine Kaspar von Zahn aufgegriffen und mit ihrem Medium fortgeführt wurde.

Gemeinsam haben wir versucht, die Kunst der Sprache und die Kunst der Malerei in ein harmonisches Zusammenspiel zu bringen, und wir hoffen, daß es uns gelungen ist, die Bilder der Astrologie lebendig werden zu lassen.

Möge die Freude an unserer Kreativität auf den Leser überspringen wie ein Funke, – als unser Beitrag, Neues zu entzünden…

Ursula Fassbender

München, im September 1985

Vorwort

Astrologie ist eine Lebenshilfe, die viele von uns wieder entdeckt und schätzen gelernt haben. Die Astrologie vermittelt uns durch ihre Symbolsprache Selbsterkenntnis und Erkenntnis des anderen, die viel tiefer reicht, als das rein analytische Charakterisieren der Persönlichkeit eines Menschen. Wenn ich bereit bin, in der Lehre der Astrologie mehr zu suchen als nur eine billige Erklärung für meine kleinen Fehler und Schwächen oder mein unabänderliches Schicksal, dann finde ich in ihr eine Weisheit, die mich lehren kann, mit mir und meiner angeborenen Veranlagung in einer Weise umzugehen, die mich erfüllt und kreativ werden läßt.

Die Astrologie spricht in Bildern zu uns, die wir nur dann entschlüsseln können, wenn wir bereit sind, unseren so allmächtig gewordenen Intellekt in seine natürlichen Grenzen zu verweisen. Wenn wir uns mit Hilfe unseres Horoskops mit uns selbst beschäftigen wollen, können wir nicht umhin, unseren Gefühlen zu lauschen, und sie ohne großes ›Warum und Wieso‹ endlich wieder so ernst zu nehmen, wie sonst unseren ›ach so klugen‹ Kopf.

Dem menschlichen Verstand sind viele Dinge im Universum unbegreiflich und sie werden es auch bleiben, so lange wir versuchen, dem Universum auf rationalem Wege seine tiefsten Geheimnisse zu entlocken.

Der Kosmos antwortet nicht auf Überheblichkeit! Er öffnet sich nur dem, der sich bescheiden, aber mutig auf die Suche nach der Wahrheit begibt. Wir alle sind auf einem Weg, von dem wir jetzt noch nicht wissen, wohin er führt. Dabei geht es auch um gar kein konkretes Ziel, sondern vielmehr um die ständige Entwicklung unserer Persönlichkeit. Das ›Ziel‹ dieses Lebens, das uns hier als Chance gegeben ist, liegt darin, zu wachsen, um reif und bewußt zu werden.

›Ich weiß, daß ich nicht weiß‹ ist die geeignete Einstellung, um in diesem Leben körperliche, geistige und seelische Erfahrungen zu machen, die dem Suchenden Horizonte eröffnen, von denen er vorher nicht einmal geträumt hatte. Wenn uns diese Voraussetzungen bewußt sind, dann wird auch das Horoskop zu einer Erfahrung, die uns ein großes Stück weiter bringt — ein großes Stück weiter zu unserem wahren Selbst.

Die Lehre der Astrologie ist in sich vollkommen. Sie spiegelt die kosmische Ordnung wieder. Somit bedarf das System der Astrologie kaum einer bedeutenden Verbesserung oder gar Erneuerung, die sich wenn, dann nur auf eine technische oder begriffliche ›Modernisierung‹ beläuft — die Anpassung der astrologischen Symbolsprache an die soziale, psychische und intellektuelle Ebene des Menschen von heute.

Immer noch absolut unvollkommen aber ist das Verständnis der Astrologie und damit auch ihre praktische Anwendung, was zu folgenschweren ›falschen Eingriffen‹ in das Leben und die Persönlichkeit eines Menschen führen kann. Gerade in unserer Zeit darf man die subtile Wirkung jener esoterischen Hilfen nicht unterschätzen, die nicht auf der Ebene der Ratio verarbeitet werden können, sondern nur mit der intuitiven Wahrnehmung des menschlichen Bewußtseins erfaßbar sind. Hierfür brauchen wir die ›weibliche Hälfte‹ unseres Gehirns, die in unserer kopflastigen intellektbetonten Gesellschaft schrecklich verkümmert ist. Wir sind es nicht mehr gewohnt, mit unserer Intuition, unserer seelischen Spürsamkeit, richtig umzugehen. Diesen lebenswichtigen Anteil unseres Menschseins müssen wir wieder entdecken, wenn wir uns mit Hilfe der Astrologie in unseren Innenraum vortasten wollen.

Das Horoskop hilft nur dem, der es richtig deuten und auf die richtige Weise damit umgehen kann. Die Deutung des Horoskops ist somit eine Frage des richtigen Verständnisses der kosmischen Zusammenhänge. Um zu einem wirklichen tief inneren Verständnis der astrologischen Symbolsprache zu gelangen, müssen die kreativen Kräfte der Seele in uns wirken können. Sie führen uns in das Reich der Phantasie und der Intuition. Nur hier findet die Astrologie ihr Echo. ›Nach innen zu schauen‹ liefert den Schlüssel zum Verständnis des Horoskops. Denn nur hier bringt das Symbol die Schwingung hervor, die es zu einer lebendigen und erfahrbaren Wirklichkeit werden läßt. Nur in unserem Innern berührt es den Bereich unseres Selbst, der diese Symbole verstehen kann. Denn nicht das Symbol verhilft uns zur Lösung unserer Konflikte oder offenbart uns den Sinn unseres Lebens. Alles liegt in uns. Nichts eröffnet sich uns, wenn wir uns nicht öffnen. Das Horoskop bleibt ein stummes nichtssagendes Bild, wenn wir nicht auf seine Botschaft antworten wollen.

Das Horoskop ist eine Projektion unserer Persönlichkeit, ein Spiegel unserer derzeitigen Inkarnation und ein symbolhafter Ausdruck unseres Energiepotentials. Es ist eines der direktesten und effektivsten Hilfsmittel, das der Mensch auf der Suche nach sich selbst ›erfunden‹ hat. Astrologie ist wahre Lebenshilfe, aber nur für den, der sein Horoskop zur Selbsterkenntnis nutzt.

Dieses Buch verstehe ich daher nicht als Fachbuch, das theoretisches Wissen vermitteln will. Vielmehr geht es mir darum, die Symbole, die die Astrologie verwendet, lebendig und spürbar zu machen. Ich versuche nicht, die astrologischen Prinzipien zu definieren und zu erklären, sondern sie so zu beschreiben, daß die sensitiven Kräfte im Innern erwachen und jeder auf seine eigene Weise verstehen kann, welche individuelle Bedeutung jedes einzelne Symbol für ihn hat.

In diesem Sinne verstehe ich die Aufgabe der neuen Wassermann-Astrologie, die uns alle bewußter und sensitiver machen soll, für uns selbst und für den anderen!

Auf dem Weg zu neuen Ufern

Einführung in die intuitive Astrologie

Die ›Lehre von den Sternen‹ hat einen rund 7000 Jahre langen Weg um den ganzen Erdball gemacht, um sich von den alten Sternenreligionen bis hin zur gerade geborenen Astrologie des Wassermann-Zeitalters zu entwickeln.

Die Wurzeln der Astrologie liegen in Babylon, wo sich die Sternkundigen bereits 5000 v. Chr. mit der Deutung der Gestirnskonstellationen beschäftigen. Keilschriften aus dieser Zeit geben uns Zeugnis darüber, daß die Menschheit schon damals Erkenntnisse besaß, denen ewige Gültigkeit zukommt; — Wahrheiten, die der menschlichen Seele innewohnen, und die uns jederzeit verfügbar sind, wenn wir sie, auf welchem Weg auch immer, in uns wiedererwecken.

Jeder von uns kennt das Gefühl der Ehrfurcht, das einen beim Betrachten eines sternenübersäten Nachthimmels überkommt. Auf unerklärliche Weise übt dieser Anblick einen Zauber auf uns aus, der uns in eine romantische Stimmung versetzt oder unsere Sinne für die Größe und Erhabenheit der Schöpfung öffnet. In jedem Fall spüren wir alle, daß da noch etwas Größeres um uns ist, mit dem wir in einer geheimnisvollen Verbindung stehen. Wir fühlen Sehnsucht nach der verlorenen Geborgenheit, der verlorenen Harmonie mit dem Kosmos, — die beständige Suche des Menschen nach dem Eins-Werden mit dem Ganzen, um das wir alle wissen, ohne uns dessen bewußt zu sein. Es ist die Suche nach Religion, dem ›Sich-wieder-Verbinden‹ mit dem Kosmos oder dem ›All-Einen‹, die uns so viele Pseudonyme finden läßt, die doch alle nur dem einen Ziel dienen: auf unserer langen Seelenreise in jedem Leben die Erfahrungen zu suchen, die aus dem Suchenden den Erkennenden machen, der schließlich zu einer Bewußtheit gelangt, die ihm das Tor zur Wahrheit seines Selbst eröffnet.

Die Weisen des Altertums lehrten, daß das Geschehen am Himmel sein genaues Spiegelbild auf der Erde findet. Diese Erkenntnis bildet das Fundament der astrologischen Symbolik. Die Planeten und ihre Konstellation am Himmel wurden zum Abbild der im Menschen manifestierten Dreiheit Seele, Geist und Körper.

Jeder Planet unseres Sonnensystems versinnbildlicht eine Komponente der menschlichen Gesamtpsyche. Dabei werden Sonne und Mond ebenfalls zu den Planeten gezählt. Die frühere Astrologie arbeitete mit den ihr bekannten sieben Planeten: Sonne und Mond, Merkur, Venus, Mars, Jupiter und Saturn. Doch schon damals vermutete man bereits richtig, daß es noch drei weitere Planeten gibt. Erst in jüngster Zeit konnten sie schließlich entdeckt werden: Uranos 1781, Neptun 1846 und Pluto 1930. Diese drei Planeten werden auch die ›transsaturnischen‹ Planeten genannt, da sie von der Erde aus betrachtet hinter dem Saturn liegen. Mit diesen drei Neuentdeckungen begann eine Zeit, in der die Menschen ihr materielles und soziales Umfeld in immer rasanterem Tempo veränderten, um sich, aus esoterischer Sicht, die Bedingungen zu schaffen, die eine intensive Beschäftigung mit sich selbst erlauben und die Voraussetzung für eine höhere Bewußtseinsentwicklung bilden.

Unter diesem Gesichtspunkt hat es mit den transsaturnischen Planeten eine besondere Bewandtnis. Interessanterweise wurden sie genau zu dem Zeitpunkt gefunden, als der Mensch ebenfalls begann, aus sich selbst heraus entsprechende Energien zu entwickeln. Die Entdeckung des Uranos fällt in eine Zeit der Revolutionen und politischen Umbrüche. Ebenso liegen in dieser Epoche die Anfänge des Technologie-Zeitalters. Aus diesen Gründen ordnete man dem Planeten Uranos die Kräfte des Umbruchs und der radikalen Veränderungen zu. Als man Neptun entdeckt hatte, folgte eine Welle der verschiedensten theosophischen und mystischen Weltanschauungen. Zu diesem Zeitpunkt wurde auch das Telefon erfunden, durch das die Kommunikation über weite Entfernungen mit einem ›unsichtbaren‹ Gesprächspartner möglich wurde. Auch Sigmund Freud legte hier den Grundstein der Psychologie. Er begann das Verborgene im Unbewußten des Menschen ans Licht zu bringen und die nicht sichtbaren Hintergründe seines nach außen hin sichtbaren Verhaltens zu beleuchten. So wurden Neptun die Kräfte des Mystischen, des Paranormalen und des Irrealen zugeschrieben. Pluto erschien in Verbindung mit der Entdeckung der Atomenergie und der Destruktivität des 3. Reiches, das in der ganzen Welt bis heute als die Manifestation des Bösen und Teuflischen gilt, − der Wahnsinn entfesselter Destruktivität, das Resultat pervertierter und unterdrückter Energien. Pluto wurde zum Symbol für Tod und Teufel, gleichsam für die innere und äußere Hölle des Menschen.

Lange Zeit maß man den transsaturnischen Planeten die Bedeutung eines kollektiven Schicksals bei, ohne sich darüber im klaren zu sein, daß es keine eigenständige ›Kollektivpsyche‹ gibt, sondern nur die Psyche des Individuums, und daß erst die Wirkungen des einzelnen zur Ursache für ein kollektives Geschehen werden.

Durch die Psychologie ist uns längst bekannt, daß wir uns unsere Umwelt so wählen und gestalten, wie unsere innere psychische Struktur beschaffen ist. Wir projizieren unser Inneres nach außen, damit es sichtbar und erkennbar wird. Der menschliche Erkenntnisweg steht in einem direkten Zusammenhang mit den Sinneswahrnehmungen, denn durch sie wird Unterscheidung möglich. Davon ausgehend wählt aber auch unser ›höheres‹ Selbst, oder unsere Seele, diese Inkarnation mit unserer jetzigen psychischen Struktur und dem entsprechenden Kollektiv, um hier für sie notwendige Lernprozesse zu machen. Die Menschen, die sich in einem ›Generationszeitraum‹ gleichzeitig inkarnieren, bewirken also auch etwas Gemeinsames, das sich dann als besonderes Merkmal dieser Generation manifestiert.

Die Entdeckung der drei ›Transsaturnier‹ bedeutet eine Wendezeit in der Geschichte der Menschheit. Bislang lagen sie im Verborgenen und wurden nur in der Projektion, durch äußere Ereignisse oder scheinbar ›zufällige‹ Schicksalserfahrungen erlebt. Durch die konkrete Entdekkung wurden sie zu einer neuen Realitätsdimension, zu der wir zuvor nur wenig Zugang besaßen. Bis zum heutigen Tag war der Großteil der Menschen damit beschäftigt, die materielle und physische Seite des Lebens zu erforschen. Dies führte zur höchsten Blüte der Naturwissenschaft und Technologie des Computerzeitalters. Doch genau hier stoßen wir an die Grenzen Saturns, der letzte mit ›bloßem Auge‹ sichtbare Planet, der auch als der ›Hüter der Schwelle‹ bezeichnet wird. Dies will sagen, daß er die Grenzen zum Jenseitigen bewacht und die sichtbare äußere Welt von der unsichtbaren inneren trennt. Wie der römische Gott Janus, ein Saturn-Symbol, hat auch er zwei Gesichter, von denen eines nach außen und eines nach innen gewandt ist. Um über die Grenzen Saturns hinaus in den transsaturnischen Raum vorzudringen, müssen wir den Rahmen unseres bisherigen Horizonts sprengen.

Wir beginnen, die transsaturnischen Kräfte in uns selbst zu entwickeln, die Energien, die revolutionierend und transformierend auf unsere psychische Struktur einwirken und tiefgreifende Bewußtseinsveränderungen hervorrufen. Damit beschreiten wir den Weg in die Dimension des Wassermann-Zeitalters, das in hohem Maße von den transsaturnischen Entwicklungsprozessen der jetzt inkarnierten Seelen geprägt ist. Ein neuer Mensch begibt sich auf den Weg zu neuen Ufern.

Dazu erklärte der belgische Chemiker und Nobelpreisträger Ilya Prigogine einmal: »Wir sehen eine neue Welt um uns herum. Wir haben den Eindruck, daß dies die Morgendämmerung eines neuen Zeitalters ist, mit all der Unruhe, den Hoffnungen und den Risiken, die ein neuer Start mit sich bringt.«

Fast jeder kennt auch in sich diese Stimmung des Neuen. Wir spüren Angst, weil das Bekannte und Vertraute nicht mehr haltbar ist, weil sich die alten Systeme allmählich aufweichen und auflösen. Das Zeichen 13 des chinesischen I Ging, dem Buch der Wandlungen, beschreibt dies sehr genau. Hierzu heißt es: »Die Gemeinschaft mit Menschen im Freien (Freiheit). Die Menschen weinen erst und klagen, aber nachher lachen sie. Nach großen Kämpfen gelingt es ihnen, sich zu treffen.« Das Zeichen 13 symbolisiert auch das Zusammentreffen von Himmel und Erde, das wiederum der astrologischen Darstellung des Wassermanns entspricht, der mit dem ›Wasser‹ des Geistes, das er aus einer Amphore auf die Erde gießt, Himmel und Erde verbindet. Auch der spirituelle Lehrer Bhagwan Shree Rajneesh verkündet in seiner Vision den neuen Menschen als den ›Zorba the Buddha‹, eine Verbindung des lebensbejahenden und dem Physischen zugewandten Alexis Sorbas und dem erleuchteten Seinszustand des Buddha.

Heute begeben sich viel mehr Menschen als je zuvor auf eine spirituelle Suche. Esoterik ist schon lange kein

Geheimwort mehr, dem etwas Mystisches oder gar Magisches anhaftet. Ganz im Gegenteil besteht im Augenblick sogar die Gefahr, daß vieles unter dem Deckmantel Esoterik verkauft wird, was nicht im geringsten mit wahrer Esoterik zu tun hat. Das Wort ›Esoterik‹ kommt aus dem Griechischen und bedeutet soviel wie: »eine Geheimlehre, die nur den Eingeweihten zugänglich ist.« Sicherlich trifft diese Definition auf unsere heutige Zeit nicht mehr zu.

Früher wurde esoterisches Wissen nur in kleinen, von der Außenwelt abgeschlossenen Kreisen übermittelt, die sich dann sehr kraß von der Masse abhoben. Heute jedoch haben wir einen sehr wichtigen ›Bestandteil‹ der Esoterik schon weitgehend in unsere Einstellung integriert: die Psychologie. Der Umgang mit unserem Inneren, unseren Gefühlen und dem darin begründeten Verhalten ist für viele von uns etwas ganz Alltägliches und Selbstverständliches. Und gerade die intensive und vor allem ehrliche Beschäftigung und Arbeit an sich selbst ist der erste Schritt zur Esoterik. Manche Menschen brüsten sich mit ihrem esoterischen Wissen und haben dabei die wichtigste Voraussetzung übersehen, die die Basis für jedes wahre Wissen bildet: die Beschäftigung mit dem, was in uns ist. Und das sind zunächst einmal unsere neurotischen Ängste, Aggressionen, Projektionen und all die ›Spielchen‹ im zwischenmenschlichen Bereich, die wir tagtäglich inszenieren. Für mich gilt heute eigentlich der umgekehrte Satz: ›Je eingeweihter, um so weniger esoterisch.‹ Esoterik ist nichts im Kopf, ist nichts, das man lehren oder wissen kann. Esoterik ist keine Lehre, vielmehr ein Weg nach innen, der bei jedem anders aussieht. Insofern gibt es Esoterik nicht. Für mich ist sie etwas, das stattfindet, ein Wachsen und Blühen, eine Geburt, die oft große Schmerzen bereitet. Ein spiritueller Weg ist kein ›höherer‹ Weg in unserem Sinne, denn zunächst einmal führt er in die Abgründe unserer inneren Dunkelheit und Destruktivität. Und wer glaubt, er käme an der Hölle vorbei, hat noch nichts begriffen. Solange wir uns nicht mit unserer eigenen destruktiven Seite befassen, wird die äußere Welt der Spiegel dafür bleiben müssen und uns mit atomarer Bedrohung, tödlichen Krankheiten und einer sterbenden Natur daran erinnern.

Dazu schreibt der amerikanische Physiker und Psychologe Peter Russell in seinem Buch ›Die erwachende Erde‹: »Die Menschheit braucht jetzt dringend Mittel und Wege zu einem weitverbreiteten Bewußtseinswandel.«

Wenn wir uns heute der Astrologie als eines dieser Mittel bedienen, dann muß sie selbst ›gewandelt‹ sein, um die Anforderungen, die das Wassermann-Zeitalter stellt, erfüllen zu können. Wer heute noch an einer deterministischen Astrologie festhält, hat selbst seine innere Schwelle noch nicht überschritten. Astrologisch gesprochen, wagt er sich nicht über seinen Saturn hinaus. Die drei ›Transsaturnier‹ bringen auch in der Astrologie eine Welle des Umdenkens (Uranos), der Durchschauung und intuitiven Wahrnehmung größerer Zusammenhänge (Neptun) und des Zusammenbruchs zum Zwecke der Wandlung und der Transformation (Pluto) hervor. Ein Astrologe, der selbst einen spirituellen Weg beschreitet, kann nicht umhin, seine astrologische Denk- und Arbeitsweise in gleichem Maße zu verändern. Fast zwangsläufig gelangt er an den Punkt, an dem aus dem klassischen astrologischen Ansatz ein neues astrologisches Modell entspringt.

Augenblicklich hört man oft den Ausdruck ›Neo-Astrologie‹, wenn es um neue Anwendungsmöglichkeiten der Astrologie geht. Mir persönlich gefällt dieses Wort überhaupt nicht, doch ist es schwer, einen passenden Begriff zu finden. Vielleicht wäre dies auch gar nicht notwendig, müßten wir nicht gerade jetzt, wo auch die Astrologie an einem Wendepunkt steht, auf den Unterschied zur klassischen und deterministischen Astrologie aufmerksam machen. So möchte ich hier den Ausdruck ›Intuitive Astrologie‹ verwenden, der mir noch am aussagekräftigsten erscheint.

Die klassische Astrologie deutete das Horoskop deterministisch und prognostisch. Die Planeten wurden eingeteilt in Übeltäter und Wohltäter, wodurch gute oder schlechte Konstellationen entstanden. So gab es einerseits die Glückspilze, die unter einem guten Stern geboren waren und denen man eine glänzende Zukunft voraussagte, und andererseits die von einem schlechten Stern bestimmten Pechvögel, denen nichts anderes übrigblieb, als sich mit ihrem Schicksal abzufinden. Diese Schwarz-Weiß-Malerei traf in früheren Zeiten auch zu, da die Menschen ihr psychisches Potential zum größten Teil in Projektionen auslebten. Schicksal war etwas, das von außen kam, denn die Erkenntnis, daß ich selbst mein Schicksal bin, setzt den psychologischen Prozeß der Analyse, der Hinterfragung und Suche nach sich selbst voraus. Jeder Mensch kommt im Laufe seiner vielen Leben an den Punkt, wo er erkennt, daß an seinem immer wiederkehrenden Leid nicht die Außenwelt schuld sein kann. Wir wechseln unsere Partner und stecken uns immer neue Ziele, in der Hoffnung, endlich Glück und innere Zufriedenheit zu finden. Doch entweder währt unser Glück nicht besonders lange, oder wir sind in einem Bereich glücklich und ein anderer verursacht uns erneutes Leid. Viele Menschen sind der Meinung, daß das Leben eben so ist und man sich damit abfinden müsse. Sicherlich haben sie insofern recht, daß Leiden zu unserem irdischen Sein gehört. Aber wer durch diese Erfahrung in Resignation verfällt, versäumt, den Schritt zu tun, an dem seine Befreiung beginnen könnte. Leiden ist einzig und allein dazu da, daß wir erkennen. Wenn ich oft genug die Partner gewechselt habe, werde ich irgendwann zu der Erkenntnis kommen, daß es wohl nicht immer am ›falschen‹ Partner liegen kann. Irgendwann komme ich an den Punkt, wo ich bei mir selbst nachschaue, wo ich nach innen gehe. Ich suche nicht länger außen, sondern innen. Wenn ich außen nicht finde, dann muß es in mir sein. Und genau hier beginne ich, mich von den äußeren Abhängigkeiten zu befreien, indem ich sie als Spiegel meines Inneren begreife. An diesem Punkt bekommt mein Dasein mit all seinen Ereignissen eine völlig neue Qualität.

Durch eine psychologisch orientierte Astrologie wird diese Erkenntnis möglich. Das Horoskop wird zu einer Innenschau und ich begreife meine Persönlichkeitsstruktur und mein Anlagepotential, so wie ich es im Augenblick verwirkliche. Ich erkenne mich selbst als Ursache meiner Wirkungen und sehe, daß ich der Auslöser für mein Leiden bin. Dies ist eine wichtige Stufe auf dem Erkenntnisweg. In den letzten Jahren entwickelten sich verschiedene astrologische Richtungen, die das Horoskop als Mittel zur Persönlichkeitsanalyse nutzten. Viele Psychotherapeuten bezogen das Horoskop in den analytischen Teil der Therapie mit ein, da es die Konfliktpunkte unverschlüsselt aufzeigt. Astrologie und Psychologie gingen eine Verbindung ein, die beide Teile in gleichem Maße bereicherte. Die psychologische Astrologie ermöglicht das ›Nach-innen-gehen‹. Sie mündet in das Verständnis meiner innerseelischen Zusammenhänge, meiner Verhaltensmuster und bietet daher Lösungsmöglichkeiten an. Und in dem Moment, wo ich beginne, Konflikte, Ängste und Aggressionen zu lösen, spüre ich, daß Energie frei wird. Jetzt kann der Transformationsprozeß seinen Lauf nehmen, der zu einer wirklichen Erweiterung meines Selbst führt und meine Grenzen durchlässig macht für das Unbekannte, die Dimension gesteigerter Wahrnehmungsfähigkeit und Bewußtheit, die spirituelle Komponente unseres Seins. Und genau hier setzt die intuitive Astrologie ein.

»Wenn Astrologie gut gelehrt und der richtige Weg beschritten wird, trägt sie dazu bei, die Menschen vom Denken in beschränkten, einseitigen oder festgefahrenen Mustern zu befreien. Sie wirkt erzieherisch wie auch therapeutisch und erfüllt unser Bewußtsein mit Großmut und dem hohen Grad von Wahrnehmung, die das Endziel aller religiösen Erfahrung darstellen«, so heißt es in einem Zitat von John Sandbach.

In dieser Aussage steckt eigentlich alles, was die Astrologie vermitteln kann, wenn ihre Symbolsprache verständlich, lebendig und fühlbar wird. Das Horoskop macht die festgefahrenen Muster meiner ›alten‹ Persönlichkeitsstruktur sichtbar. Doch ganz anders wie bei der rein analytischen Arbeit mit dem Horoskop, wo die Strukturen zwar aufgedeckt, aber dann doch wieder nur zugeordnet werden, versucht die intuitive Astrologie, die in festen Strukturen eingebundene Energie zu wecken. Ganz allgemein könnte man sagen, daß wir hier mit Hilfe eines Symbols eine bestimmte Energie erfühlen. Wir sind von unseren Konflikten nur belastet, solange wir in ihnen gefangen sind, d. h. wenn wir in einem Zustand stagnieren. Wir haben immer ›vor‹ etwas Angst. Wenn wir aber in das hineingehen, was uns ängstigt, löst sich die Angst auf. Aktivität behebt das Gefühl der Hilflosigkeit und des Ausgeliefertseins, die Ursache jeder Angst. Und aktiv zu sein, bedeutet nichts anderes, als Energie fließen zu lassen. Wenn unsere Energie im Fluß ist, sind wir kreativ und nur durch Kreativität lassen sich neue Wege finden.

Es ist eine Illusion zu glauben, jemanden sei geholfen, wenn ich wie ein Detektiv seine Konflikte aufspüre und ihm dann ein Rezept mit auf den Weg gebe, nach dessen Anleitung er sein Leiden kurieren soll. Wir verfahren mit dem Heilungsversuch unserer seelischen Leiden genauso verkehrt wie mit unseren körperlichen Beschwerden. Wir versuchen, die Symptome auszumerzen, ohne uns um die Ursache zu kümmern. Zwar diagnostizieren wir die Ursache, übersehen dann aber völlig, daß genau hier die Therapie ansetzen müßte. Jede wirkliche Therapie arbeitet an der Basis. Dasselbe trifft auf die astrologische Arbeit zu, wenn sie einen therapeutischen Effekt haben soll. An der Basis brauchen wir keine Methoden mehr. Zwar braucht der Psychologe ein paar Methoden, um an die Basis zu kommen, was in der Astrologie wegfällt, da das Horoskop und seine Symbolik bereits eine ›Methode‹ sind, um die Wurzeln zu erkennen. Doch dort angelangt, wird jedes Mittel überflüssig, da genau hier das Potential jedes Menschen liegt, ebenso wie sein tiefinneres Wissen um das, was für ihn gut und richtig ist, die Bedingung für einen gesunden Körper und Geist und eine gesunde Seele.

Der intuitiven Astrologie geht es darum, über das Erkennen unseres inneren Potentials hinaus mit den darin verborgenen Energien in Berührung zu kommen. Wir versuchen, einen ›Geschmack‹ von uns selbst zu bekommen. Der Frage ›wer bin ich?‹ setzen wir ein ›ich bin jetzt im Augenblick so, wie ich bin, und lasse alles offen‹ entgegen. Die Frage ›wer bin ich?‹ ist ein Teufelskreis, der ebenso wenig zu einem Ergebnis führt wie das ständige Herumdoktern an Konflikten, deren Ursprung wir irgendwo in unserer Kindheit vermuten. Die Aufklärung von negativen Kindheitserfahrungen ist zwar hilfreich, doch sie ist auch wieder ein Spiegelbild für meine eigene innerseelische Struktur, die bereits angelegt war. Unter dem Gesichtspunkt der Reinkarnation der Seele kann ich nicht mehr meinen Eltern die Schuld dafür geben, daß ich als Erwachsener unter diesem oder jenem Konflikt zu leiden habe. Wenn ich davon ausgehe, daß ich bereits mit einem bestimmten Konfliktpotential in diesem Leben geboren werde, dann habe ich mir eine entsprechende Kindheitssituation gesucht, um den Konflikt hervorzubringen und später die Chance zu haben, den Kern dieses negativ geladenen Wesensanteil zu finden und zu lösen. Davon ausgehend beschäftigen wir uns in der intuitiven Astrologie mehr mit diesem Kern, dem komplexen Thema, das durch die Konfliktsituation sichtbar wird. Wir legen die Energie als solche wieder frei, damit sie sich ein neues Bett suchen kann, in dem sie ungehindert fließt.

Die ›neue‹ Astrologie bedient sich der Intuition, der Kunst des Erfühlens, der Imagination und Kreativität. Sie macht das Horoskop zu einer lebendigen Erfahrung, bei der ich selbst der Entdecker bin. Ich beginne, mich mit meinem Potential zu identifizieren, weil ich meine eigenen Energien spüren kann. Und daraus erwächst der Mut und die Freude, weiter zu forschen und zu experimentieren, und dieses ›ich-bin‹ von Augenblick zu Augenblick aufs neue zu entfalten. Denn nur hier kann unsere Antwort liegen: im Leben und Lebendig-Sein, in der individuellen Antwort auf die Schöpfung!

Ein Teil derselben Schöpfung

Kein Mensch gleicht einem anderen. Sogar bei Menschen, die am gleichen Tag und zur gleichen Stunde an ein und demselben Ort geboren sind, und somit dasselbe Horoskop besitzen, finden wir zwar einen gemeinsamen roten Faden im Leben, aber ihre Persönlichkeit wird sich trotzdem individuell verschieden entwickeln. Auch ›echte‹ Zwillinge sind sich zwar ähnlich, sie sind aber niemals völlig identisch. Diese Individualität beruht auf der Einmaligkeit der schöpferischen Entwicklung einer Seele durch all ihre Inkarnationen hindurch, dem prägenden Einfluß des sozialen Umfeldes, in das wir jetzt hineingeboren sind, und auf unserer persönlichen Freiheit, unser eigener Schöpfer zu sein.

Unsere persönliche Veranlagung, wie sie das Horoskop widerspiegelt, unterliegt einerseits der Fremdbestimmung und andererseits unserer Selbstbestimmung. Unser Leben wird von äußeren Faktoren oder anderen Menschen bestimmt, solange wir unbewußt sind. Die Selbstbestimmung beginnt dann, wenn ich bewußt werde. Bewußt zu werden bedeutet, sich von der äußeren Wirklichkeit und den scheinbar allgemeinen Realitäten zu lösen und zu beginnen, die eigene Realität innerhalb des gesamten Kosmos zu begreifen. In der Erkenntnis, daß die Außenwelt in jedem Moment unseres Lebens nur ein Spiegel für die Innenwelt ist, liegt die Möglichkeit zur Freiheit. Frei sind wir dann, wenn wir nichts anderes mehr sind als nur und wahrhaft wir selbst. In diesem ›All-eins-Sein‹ mit sich selbst wird das unsterbliche Wesen der individuellen Seele offenbar. Die Gespaltenheit in ›ich und die Welt‹ verliert sich, weil der Schöpfer und seine Schöpfung ein und dasselbe geworden sind.

Die Bewußtheit meiner selbst macht es unmöglich, weiterhin in einer Lüge zu leben. Sie zwingt uns, die Verantwortung für uns und unser Leben zu übernehmen und unsere Weiterentwicklung und damit unser Schicksal selbst zu gestalten.

Aus der Fremdbestimmung resultiert das Phänomen, daß sehr unbewußte Menschen oft nur sehr verschwommen in ihrem Horoskop wiederzufinden sind, weil sie ihr Anlagepotential nicht entwickeln. Auf der anderen Seite sind sehr hoch entwickelte Menschen in der Lage, ihr Horoskop zu transzendieren. Das geschieht dann, wenn die einzelnen Anlagen auf der höchsten spirituellen Bewußtseinsstufe gelebt werden und in ihrer Totalität integriert worden sind. Dann befindet sich die Seele in ihrer Mitte, im Zustand des Eins-seins. Auf der höchsten Stufe des Erleuchteten wird das Horoskop zu einem Spiegel des irdischen Werkes dieser Seele.

Interessant ist auch, daß Menschen, die ihr Horoskop nicht bewußt und aktiv leben, es oft völlig auf die Außenwelt projezieren und dann als ›Schicksal‹ erleben, das von außen auf sie zuzukommen scheint. Diese Tatsache erklärt vielleicht auch, warum auf diese Menschen bisweilen auch Prognosen zutreffen können und warum astrologische Propheten — die ich hier absichtlich nicht als Astrologen bezeichnen möchte — leider immer noch ihr Spielchen mit der Astrologie treiben können. Doch dies nur nebenbei.

Obwohl also unter den Millionen von Menschen auf unserer Erde keiner dem anderen gleicht, haben wir doch alle Gemeinsamkeiten. Wir alle müssen essen und trinken, brauchen je nach Umgebung eine geeignete Behausung und die entsprechende Kleidung, und wir brauchen den Kontakt mit anderen Menschen, um uns körperlich, geistig und seelisch mitteilen und austauschen zu können. Aus diesen gemeinsamen Bedürfnissen heraus entstehen

31

unsere Ängste und Konflikte. Grob zusammengefaßt haben wir existentielle, materielle, zwischenmenschliche, seelische und geistig philosophische Probleme.

Wenn ich meine Aufgabe darin sehe, den Menschen eine Lebenshilfe anzubieten, muß ich einerseits die einzigartige Individualität eines jeden Menschen betrachten und doch immer den gemeinsamen Nenner aller Menschen berücksichtigen, der ganz einfach in der Tatsache des irdischen Menschseins liegt.

Wir sind alle ein Teil derselben Schöpfung. In jedem von uns wirken dieselben Kräfte. In jedem von uns hat sich eine Seele inkarniert und wir alle zusammen sind die einzelnen Puzzleteile der kosmischen Urseele. Wir alle suchen den Sinn des Lebens, den Sinn unseres Menschseins. Auch diejenigen, die das Leben und damit sich selbst für sinnlos halten, werden durch ihre ›Erkenntnis‹ nicht glücklich, frei und erfüllt, sondern verzweifelt und resigniert, wodurch sie ihre These selbst widerlegen.

Lebenshilfe bedeutet für mich, das Leben einfacher zu machen, was nichts mit vereinfachen zu tun hat. Etwas einfacher zu machen heißt, das Komplizierte zu entwirren wie ein Wollknäuel, – in der Verstrickung den roten Faden wiederzufinden. Die meisten Menschen sind so sehr von einer scheinbar komplizierten Problematik belastet, weil sie den Kern ihres Problems nicht klar erkennen können. Sie werden mit sich und ihrem Leben nicht mehr fertig, weil alles zu komplex und zu verworren scheint, als daß man es jemals schaffen könnte, Licht in das Dunkel zu bringen.

Hier nun liegt die Bedeutung des Horoskops sowohl in der Einzel- als auch in der Gruppenarbeit. Bei der Einzelberatung wird mir klar, daß ich gar nicht so frustrierend problematisch bin, wie ich mich fühle. Das Horoskop setzt die Persönlichkeit aus einer überschaubaren Anzahl von Bausteinen zusammen, die man klar definieren und vermitteln kann. Jedes Horoskop besteht aus (nur) zwölf Tierkreiszeichen, zehn Planeten und zwölf Häusern sowie einer gewissen Anzahl von Aspekten, den Winkelbeziehungen zwischen den Planeten.

Aus diesen Bausteinen ergeben sich natürlich unermeßlich vielfältige Kombinationsmöglichkeiten, und doch bleiben die Grundprinzipien dieselben. Damit komme ich mir selbst näher und auch die Welt ist gar nicht mehr so fremd, wie ich glaubte. Auch meine Mitmenschen sind nur andere Gestaltungen der Kräfte, die allem Leben gemeinsam sind und aus der jede Schöpfung entsteht.

Auf einer blühenden Wiese gleicht keine Blume der anderen. Und doch entsteht jede Blume aus der gleichen Grundsubstanz und lebt vom gleichen Licht und Wasser, und von der gleichen Luft und Erde wie alle anderen. Alle haben die gleichen Bedürfnisse und die gleichen Probleme, wenn diese Bedürfnisse unerfüllt bleiben. Und alle haben einen gemeinsamen Weg im Wachsen, Sich-Entfalten und Sich-Wandeln.

Ich bin ich und Du bist Du. Deine Persönlichkeit ist vielleicht ganz anders als meine und unsere Wege nehmen einen anderen Verlauf. Aber das alles spielt sich draußen ab. Doch wenn wir uns begegnen im Innenraum, dann finden wir, daß wir beide eins sind — ein Teil derselben Schöpfung.

Ein bißchen Mut zum Experiment

Wenn Du einem Kind einen Farbkasten mit hundert bereits vorgemischten Farben schenkst, dann wird es zwar fasziniert sein, aber nur wenig damit anfangen können. Schenkst Du ihm aber fünf Farbtöpfe und einen Pinsel, dann wird es begeistert zu mischen und zu malen beginnen. Das Komplizierte macht mutlos, das Einfache macht Mut zum Experimentieren.

Wenn Du Dich mit Deinem Horoskop beschäftigst, dann mach es nicht komplizierter als es ist. Es scheint Dir so komplex, daß Du Angst hast, etwas damit anzufangen. Beginne einfach dort, wo es in Dir etwas berührt und laß Dich darauf ein, dann ergeben sich die nächsten Schritte ganz von selbst.

Mach Dein Horoskop nicht komplizierter, nur weil Du Dich interessanter machen willst. Du bist interessant. Du mußt nichts aus Dir machen. Du bist Du, ganz einmalig. Werde einfach frei und geh aus Dir heraus. Fühle Dich und lebe das, was Du fühlst. Wenn Du das schaffst, gelingt Dir mehr, als Du je ›aus Dir machen‹ könntest.

Mach Dein Horoskop nicht schwierig, weil Du keine Verantwortung für Dein Leben übernehmen willst. Kein Horoskop ist schwieriger als das andere, keines ist besser oder schlechter als ein anderes. Es gibt keine vom Glück begünstigten und keine vom Pech verfolgten Menschen. Alles liegt in Deiner Hand. Dein Schicksal bist Du selbst!

Und noch ein Rat: Suche nicht die Zukunft in den Sternen. Du nimmst Dir damit die Freiheit, sie selbst zu gestalten. Wenn Du weißt, was morgen kommt, welchen Reiz hat es dann noch, heute aktiv zu leben? Eine festgelegte Zukunft bedeutet Stillstand. Leben aber heißt immer Bewegung, Entwicklung und Veränderung – ein ständiges Fließen von Energien. Die Zukunft ist niemals real. Du kannst immer nur heute leben.

Aber eines kannst Du doch für Deine Zukunft tun: Verliere die Angst vor dem Morgen, nimm was jetzt gerade ist, und vertraue darauf, daß Du damit umgehen kannst. Hab jetzt in diesem Augenblick ein bißchen Mut zum Experiment, ein bißchen Mut zu Dir selbst!

Urtierkreis

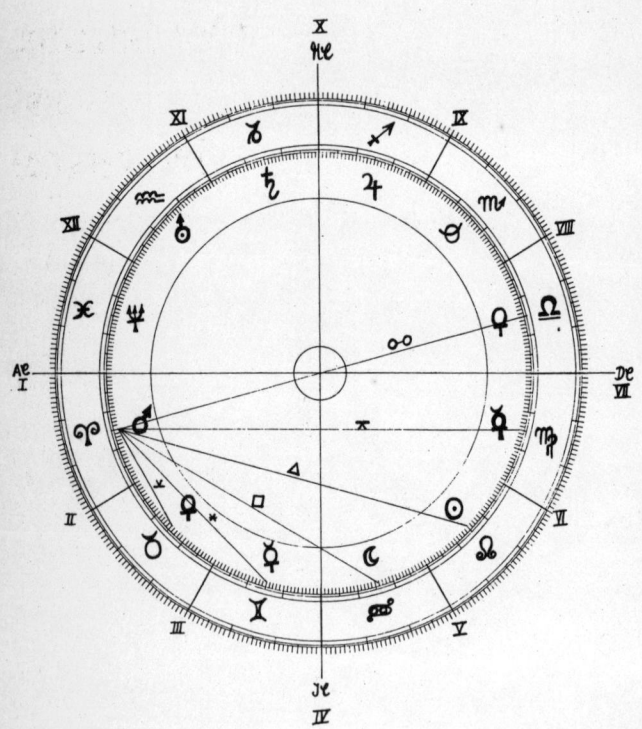

Der Sprung
ins
Horoskop

Nun springen wir einfach mitten hinein ins Horoskop, um uns mit seinem Wesen vertraut zu machen. Das Horoskop ist nicht nur irgendeine Zeichnung voll fremdartiger Symbole. Ich selbst bin mein Horoskop! Mein Geburtsbild ist nichts anderes als eine Kopie meiner innerseelischen Landschaft, die mir als Landkarte für meine Lebensreise dient.

Das Horoskop besteht aus vier Ebenen, die in einer Wechselbeziehung zueinander stehen.

Die unterste bildet der *Tierkreis* mit den zwölf Tierkreiszeichen. Er symbolisiert das Lebensrad, das, den irdischen Gesetzen folgend, den Boden für die Materialisierung der kosmischen Energien auf der Erde bildet. Die Tierkreiszeichen sind die zwölf irdischen Manifestationen der schöpferischen Energien, die in ihrer Aufeinanderfolge die Vollkommenheit der Schöpfung spiegeln. Jedes Tierkreiszeichen ist ein Teil des Ganzen und besitzt eine bestimmte Aufgabe darin. Um dies zu veranschaulichen, könnte man den Tierkreis auch als Drehbuch bezeichnen, das die verschiedenen Rollen eines Theaterstücks enthält.

Nun brauchen wir Akteure, Schauspieler, die diese Rollen übernehmen. Das Spiel kann beginnen, wenn die *Planeten* auf die Bühne kommen. Die Planeten symbolisieren die kosmischen Energien und sind die aktiven lebendigen Kräfte im Menschen, die ihn zu einem handelnden, fühlenden und denkenden Wesen machen. Jeder Planet befindet sich in einem bestimmten Tierkreiszeichen, von dem er nun seine Rolle erhält. Wie er diese Rolle nun spielt, hängt ganz von seiner Eigenart und seiner Persönlichkeit ab.

Die Planeten bilden die zweite Schicht des Horoskops. Ich bezeichne sie als Seelenkräfte, die sich im Menschen verkörpern und sich in ihm hier auf der Erde manifestieren. Durch die verschiedenen Rollen, die sie spielen, stehen die Planeten in verschiedenen Beziehungen zueinander. Im Horoskop ergibt sich aus der Stellung der einzelnen Planeten in den Tierkreiszeichen eine bestimmte Winkelbeziehung zueinander. Die Planeten werden ausschlaggebend für die Dramatik, die Dynamik und den Ablauf des Spieles. Diese Interaktion spiegelt das *Aspektbild* wieder, das zunächst einmal die Regie über unser Leben führt, bis wir selbständig und bewußt genug sind, unser Leben selbst in die Hand zu nehmen. Der Energiefluß der Planetenkräfte stellt die dritte Ebene des Horoskops dar.

Die vierte Ebene des Horoskops wird von den zwölf astrologischen *Häusern* gebildet, die nun wie ein Rahmen auf die Tierkreiszeichen und die darin befindlichen Planeten gesetzt werden und beide umschließen. Die Häuser stellen die von Menschenhand gefertigte Kulisse dar, in dem das Theaterstück zur Aufführung gelangen soll. Sie symbolisieren unsere Umwelt, den äußeren Lebensraum, in den wir hineingeboren sind. Auch die Häuser schließen einen Kreis, der in zwölf Stufen die menschliche Entwicklung darstellt. Die Stellung der Planeten und Tierkreiszeichen in den Häusern zeigt mir, in welchem Lebensbereich ich die jeweilige Anlage verwirklichen soll. Hier suche ich mir meinen Platz in der Welt, in dem ich mich entfalten will. Die Häuser stehen auch unter dem Einfluß der Gesellschaft und des Kulturkreises, in dem ich mich befinde.

Ein paar Hinweise
zur Horoskopberechnung und -zeichnung

Zur Häuserberechnung verwende ich Koch-Häusertabellen, zum einen, weil sie mathematisch exakt sind und zum anderen, weil sich die Koch-Häuser auch in der Deutung als die genauesten erweisen.

Die graphische Darstellung und insbesondere das Aspektbild bezieht sich in diesem Buch auf die Methode von Bruno und Louise Huber, deren astrologische Lehr- und Arbeitsweise mir sehr gefällt, weil sie in ihrer Tiefe und Einsicht immer klar und anwendbar bleibt.

Die für mich persönlich unangenehme Rechenarbeit erledige ich mit Hilfe eines Taschenrechners oder überlasse sie einem Computer. Die Zeichnung des Horoskops jedoch mache ich von Hand. Das erscheint mir sehr wichtig, da ich mich beim Zeichnen in aller Ruhe Schritt für Schritt in das Horoskop hineinfühlen kann.

Nun also liegt das fertige Horoskop vor uns. Um es letztendlich deuten zu können, betrachten wir im folgenden erst einmal die Bausteine, aus denen es sich zusammensetzt.

Die Kräfte wecken

Die Planeten

Die Planeten sind ein Symbol für die menschlichen Lebenskräfte. Ihr harmonisches Zusammenwirken ist die Voraussetzung für die Gesundheit von Körper, Geist und Seele.

Die Kräfte des Körpers werden von den Planeten Mars, Venus und Saturn dargestellt, die des Geistes von Merkur, Jupiter und Uranus, und die der Seele von Mond, Neptun und Pluto. Die Sonne nimmt als integrierendes Prinzip eine Sonderstellung ein, da sich im bewußten Ich Körper, Geist und Seele vereinigen.

Im körperlichen Bereich wirkt *Mars* als aggressive Antriebsenergie und Zeugungskraft, die notwendig ist, um zu überleben. Mit meinem Mars zeuge ich neues Leben, denn diese Kraft aktiviert meinen Sexualtrieb. Mit der Marskraft kämpfe ich, setze mich durch und behaupte mein Ego, ohne das ich in der irdischen Seelenform ›Mensch‹ nicht existieren könnte. Wenn meine Marskraft unterdrückt oder blockiert ist, gelingt mir keine befriedigende Selbstdurchsetzung und ich leide unter Spannung, einem Energiestau, der sich nicht in einer adäquaten und positiven Aggression lösen kann.

Die *Venus* ist der körperliche Gegenpol zum Mars. Durch die männlich-weibliche Polarität wird die zeugende Marskraft kreativ und fruchtbar. Aus der Vereinigung von Mars und Venus entsteht eine neue Schöpfung. Meine Venus stellt also ein Gleichgewicht her, indem sie eine offene Gestalt durch ein von ihr ausgewähltes und zu ihr passendes Pendant schließt. Die Venus sorgt für mein körperliches Wohlbefinden. Sie selektiert aus dem Vorhandenen und Angebotenen, was für mich angenehm und verwertbar ist. Ohne meine Venuskraft könnte ich nichts aufnehmen, assimilieren oder in mich einlassen, was mir von außen zugetragen wird. Die Venus balanciert das Geben und Nehmen aus, die Energieabgabe und Aufnahme von Nahrung bis zur körperlichen Zärtlichkeit.

Mit der Saturnkraft definiere ich die Grenzen meiner Existenz. Mein Körper ist von jedem anderen getrennt, ich bin ein eigenständig funktionierender Organismus, der einer eigenen Gesetzmäßigkeit folgen muß. Meine Individualität beginnt im festgelegten Rahmen meines physischen Seins. Mit meinem *Saturn* konzentriere ich meine Energie, speichere sie auf, um sie dort einzusetzen, wo sie gebraucht wird. Mit der Saturnkraft erhalte ich mich am Leben, indem ich meinen Energiehaushalt nach meinen persönlichen Bedürfnissen regle.

Mein Körper hat das Bedürfnis nach Aktivität, Spannung und Bewegung (Mars), nach Passivität, Entspannung und Ruhe (Venus), und nach einem geordneten sinnvollen Wechsel von aktiven und passiven Phasen durch ein auf meine individuelle Konstitution angepaßtes Regulativ, den Saturn, der meine Körperenergien koordiniert.

Im Geistigen steht mir zunächst *Merkur* zur Verfügung, mit dem ich lerne und mir Wissen aneigne, um die Welt verstandesmäßig erfassen zu können. Die geistige Kraft des Merkur entwickelt meinen Intellekt und all seine Funktionen und Ausdrucksformen. Ohne Merkur könnte ich weder sprechen, lesen und schreiben, noch logisch denken oder kombinieren.

Über die Merkurkraft erreiche ich mit zunehmender Bewußtseinsentwicklung den *Jupiter*. Die Jupiterkraft erweitert mein Bewußtsein durch eine erhöhte Wahrnehmungsfähigkeit. Mit Merkur allein bliebe mein Geist im rein analytischen rationalen Denken stecken. Durch die geistige Kraft Jupiter weitet sich mein Horizont und neue

Perspektiven tun sich auf. Jupiter strebt nach Synthese. Er bringt alles in einen größeren, allumfassenden Zusammenhang, was durch das ›Schulwissen‹ des Merkur allein nicht möglich wäre. Wie die Venus im körperlichen Bereich ist Jupiter ein Empfänger, in diesem Fall von Informationen des Merkur, die er verwendet und zu kreativen Erkenntnissen zusammenfügt.

Auch im geistigen Raum steht mir eine dritte Kraft zur Verfügung, der *Uranus*. Diese dritte Kraft ist auch hier die sinngebende Resultante der beiden anderen Kräfte.

Mein Körper muß in seinen irdischen Grenzen bleiben, damit er nicht krank wird. Diesen notwendigen Lebensrahmen kenne ich durch Saturn, der darauf achtet, daß sich mein Körper an diese Regeln hält. Im Geistigen aber sind mir keine Grenzen gesetzt. Der Geist ist frei und bleibt sogar im kranken Körper funktions- und entwicklungsfähig.

Doch in letzter Konsequenz ist auch der Geist vom Körper abhängig, denn er existiert nur im Zusammenhang mit der physischen Erscheinung Mensch. Wenn der Mensch stirbt, wird sein Intellekt überflüssig, denn hier auf Erden ist er nur ein Bindeglied, ein Mittel und ein Weg, um die Seele als solches zu begreifen.

Bewußtheit ist die höchste Stufe des menschlichen Geistes, auf der sich ihm die Seele offenbart. Die Intuition entfacht Geistesblitze, die tatsächlich über den Verstand hinausreichen. Doch nur die Verschmelzung oder das Ineinanderwirken von Merkur und Jupiter bilden das Fundament, von dem aus es möglich ist, das angesammelte Wissen (Merkur) und sogar die individuell erworbene Weisheit (Jupiter) zu transzendieren. Die Kraft, die nun zur Wirkung kommt, wird in der Astrologie vom Planeten Uranus symbolisiert. Die Uranuskraft verhilft mir zum geistigen Quantensprung in die kosmische Dimension Seele.

Die Seele entfaltet sich in unserer irdischen Daseinsform als Mensch in einer Entwicklung, die von der physischen Geburt und dem physischen Tod begrenzt wird. In der dazwischenliegenden Lebensspanne baue ich auf der Vergangenheit meiner Seele auf. Meine seelischen Wurzeln reichen zurück bis an den Ursprung der Schöpfung. Tief im Unbewußten schlummern die Erinnerungen an den bisherigen Weg meiner Seele. Alles ist in mir gespeichert, was ich jemals erfahren, wahrgenommen und erlebt habe. Diese Inbilder aus all meinen Inkarnationen sind der Stoff meiner Träume, meiner Phantasie und meines Unbewußten, die sich in meiner Gefühlswelt ausdrücken, dem *Mond*.

Die Mondkraft ist kindhaft emotionell, da sie den Anfang oder die Geburt der Seele in einem neuen Menschen verkörpert. Und doch birgt sie einen Erfahrungsschatz in sich, der zurückreicht bis in die graue Vorzeit und der die Seele als Ganzheit umfaßt. Das Kind wird nicht inhaltslos oder leer geboren. Es besitzt eine Traum- und Phantasiewelt, die nicht erst im jetzigen Leben entstanden sein kann.

Eine ›alte‹ Seele hat sich neu inkarniert, um ihren Weg zu vollenden. Der Mond in mir symbolisiert die Seele, wie sie sich in mir als Kind manifestiert.

Auch wenn ich erwachsen bin, bleibt ein Teil in mir Kind, bleibt kindhaft offen, verletzbar, liebesbedürftig und aus der Phantasie heraus kreativ. Mein Mond ist meine Empfänglichkeit. Nur wenn ich empfänglich bin, kann sich eine wahre Empfängnis ereignen. Daher gehören Kindsein und Muttersein in der Mondkraft zusammen. Ich kann nicht Kind sein, wenn mich keine Mutter empfängt, und ich kann nicht Mutter sein, wenn ich das Kind nicht empfangen will. Der Mond ist die Kraft, die der Seele zur Geburt verhilft. Dafür muß ich meine Gefühle öffnen, der erste Schritt, um meine Seele in der Welt auszudrücken.

Die Seele ist noch viel mehr, als Fühlen und Gefühle zu leben. Während ich Gefühl entwickle, empfinde ich nicht nur Wärme, Nähe, Geborgenheit und Liebe zu denen, die mir diese positiven Gefühle verschaffen, sondern mein Gefühl beginnt, eine Eigendynamik zu entwickeln und wird zu einem eigenständigen Geschehen. Meine Zuneigung und mein Wohlgefühl wird zu Liebe. Mein Lieben öffnet eine neue seelische Dimension, den *Neptun*. Mit der Neptunkraft löse ich meine Ich-Grenzen auf und verschmelze mit dem geliebten Menschen. Ich spüre weder ein Ich, noch ein Du, sondern vielmehr ein Wir, das synergetische neu entstandene Dritte. Das Gefühl des Einsseins entsteht und ich beginne zu fließen.

Die Erhabenheit und Schönheit, die in der Neptunliebe liegt, schließt die ganze Welt mit ein. Die Freiheit, Beschwingtheit und Schwerelosigkeit meiner Seele versetzt mich in einen Zustand, der mehr ist als Glück. Ekstase ist das richtige Wort, um zu beschreiben, wie sich eine liebende Seele allmählich von der Erde löst, um sich für die letzte Transformation bereit zu machen, vielleicht nur für dieses Leben, vielleicht aber auch schon für immer.

Die transformierende Kraft in mir wird durch den Planeten *Pluto* dargestellt. Diese mächtige Seelenkraft ist schöpferisch und zerstörerisch zugleich. In der Plutokraft lodert das Schlangenfeuer des Sexualchakras, die Urenergie überhaupt. Sexualität ist die magische Energie, die den Anfang und das Ende, Geburt und Tod und Wiedergeburt überwindet. In der Liebe Neptuns bin ich bereit und offen geworden für den Urknall der Seele, den wahren Orgasmus. Nur durch die Plutokraft nimmt die Seele die Gestalt eines Menschen an, wird aus dem Verschmelzen von Same und Eizelle ein Kind, das am Ende seines Weges immer wieder dorthin zurückkehrt, wo es herkam, aus dem größten Geheimnis der Welt, das hier und jetzt unlösbar ist.

Als letzter uns bekannter Planet bleibt nur noch die *Sonne*, von der unser Sonnensystem abhängt. Die Sonne ist die Kraft, die alle anderen Kräfte so koordiniert, daß sie als Ganzheit zusammenwirken. Die Sonne schafft die Lebensbedingungen auf der Erde. Die Sonnenkraft in mir schafft die Integration aller Planetenenergien in einem einzigen ganzheitlichen Ich. Als Mensch bin ich immer eine Einheit aus Körper, Geist und Seele, ob nun Teile von mir blockiert, krank oder übertrieben dominant sind. In der Sonne liegt meine Mitte, in der alle Kräfte ins Gleichgewicht kommen, sich im Zentrum vereinigen und zu der geballten und konzentrierten Vitalkraft des Menschen werden.

Die Sonne ist die menschliche Personifizierung meiner Seele, in der meine Einzelteile als Ganzes zusammenspielen und durch meine Persönlichkeit ausgedrückt werden.

Durch meine Sonnenkraft ruhe ich als fester Pol in mir selbst und bin mir meiner selbst bewußt.

Die Planeten stehen miteinander in einer Wechselbeziehung. Man kann in der Reihenfolge oder Gruppierung dieser Kräfte verschiedene Möglichkeiten ausprobieren und findet dabei nicht nur einen, sondern mehrere logische Zusammenhänge.

Jeder, der sich mit den Planetenkräften auseinandersetzen und sie aus seinem eigenen Innern heraus begreifen will, soll hierbei seiner individuellen Experimentierfreude freien Lauf lassen.

Um den Seelenweg intuitiv nachzuspüren, möchte ich hier eine Möglichkeit aufzeigen, gleichsam als Inspiration zu einer kleinen Reise.

Der Mond liegt der Erde am nächsten, der Pluto am fernsten. Beginnt nun die Seele ihren Weg zum Menschsein in der fernen Region der Plutokraft, dann begegnet sie uns menschgeworden in der Mondkraft direkt und von Angesicht zu Angesicht. Vielleicht übt der Mond deshalb einen so magischen Einfluß auf uns aus. Die Plutokraft hingegen liegt so tief im Verborgenen und Dunklen, daß sie uns unfaßbar und beängstigend erscheint, der große Unbekannte, von dessen Macht wir zittern, solange wir vor seiner Wahrheit die Augen verschließen.

Vom Pluto aus macht die Seele ihre Reise zur Erde. Ihr Weg führt zunächst zur Neptunenergie. Inspiriert von der undifferenzierten All-Liebe Neptuns beginnen die gewaltigen Urkräfte Plutos zu fließen, hin zum ›Urknall‹ des Uranus. Der Uranus ist der Funke des Geistes, der sich im Saturn materialisieren wird. Im Jupiter schließlich entsteht die Dreiheit Seele, Geist und Körper. Die Schöpfung erhält ihren Sinn. Mars und Venus, in deren Mitte die Erde steht, zeugen und gebären den Menschen. Der Mond verleiht der Seele nun ein irdisches Gesicht, das den Menschen mit ihr in Berührung bringt. Merkur, der sonnennächste Planet, ist schon in der griechischen Mythologie der geflügelte Götterbote Hermes Trismegistos, der zwischen Himmel und Erde vermittelt, zwischen Göttern und Menschen. Er ist das Medium, mit dessen Hilfe der Mensch seine Sonne erreicht, wo er schließlich ›Ich‹ wird und Bewußtheit erlangt. Beginne nun Deine Reise zu Dir selbst und finde die einzelnen Planeten in Dir, indem Du versuchst, Dich von den nun folgenden Bildern leiten zu lassen, auf daß sie Deine Kräfte wecken!

Die Sonne

Die Sonne bringt Licht, Leben und Wärme. Sie beleuchtet das Ganze, und macht es sichtbar, klar und bewußt. Im Sonnenschein blüht die Welt auf und beginnt zu leben.

Die Sonne gibt mir Kraft. Sie weckt meine Lebensgeister und macht mich wach und aktiv. ›Ich bin‹ ist die Stimmung, in der ich meinen Tag beginne. Voller Energie und frohen Mutes tue ich das Meine.

Ich bin mir meiner Vielschichtigkeit bewußt. Mein Gefühl sagt dies, mein Kopf jenes. Meine Interessen liegen hier, meine Ideale dort. Ich tue das eine und möchte das andere. Ich weiß, daß ich zerrissen bin. Ich erkenne meine Einzelteile und weiß doch, sie sind es, die mich vollständig machen.

Ich werde ganz und integriert. Aus der Mitte heraus leben, heißt, mich ganz zu verwirklichen.

Mein inneres Potential steht mir zur freien Verfügung. Ich habe viel zu geben. Alles ist da und wartet nur darauf, sich verströmen zu können.

Wie ein junger Gott springe ich mitten hinein in den Fluß des Lebens. Auch ich bin Licht, Leben und Wärme!

Der Mond

Der Mond bleibt kalt, wenn niemand ihn wärmt. Der Mond bleibt dunkel, wenn er nicht beleuchtet wird. Er hängt an der Mutter Erde wie ein Kind.

Der Mond in mir braucht Kontakt. Er braucht das Du, denn ohne den anderen ist er leblos, hilflos und passiv. In der Berührung mit dem anderen Menschen aber liegt seine Kraft.

In der Stille der Nacht steigt der Zauber des Fühlens auf und umhüllt die starren Silhouetten der Tagwelt mit einem silbernen Mantel der Geborgenheit.

In der wärmenden Nähe des anderen, in seiner liebevollen Umarmung und dem Schutz seiner Liebe blüht das Kind in mir auf und fühlt sich zuhause, wie einst im warmen dunklen Mutterschoß.

Die Mutter ist die erste Quelle der Nahrung, Zärtlichkeit und Liebe. Sie gibt mir und ich darf mir nehmen, was ich brauche. Ich belohne sie dafür mit meinem Vertrauen, meiner Hingabe, meiner Anhänglichkeit. Mein Gefühl hat seinen Nährboden gefunden und ich teile es mit.

Der Merkur

So vieles passiert. Ich fühle und handle, nun will ich begreifen. Ich denke über mich nach und stelle Fragen. Ständig lerne ich Neues dazu. Ich erfahre die konkrete Wirklichkeit und gebe den Dingen einen Namen.

Das bin ich und das bist du, das ist mein und das ist dein. Um mich auf dieser Welt zurechtzufinden, brauche ich eine Orientierung. Ich brauche Anhaltspunkte, etwas an das ich mich halten und nach dem ich mich richten kann. Mein Denken entdeckt die Polarität. Ich unterscheide schwarz und weiß, gut und schlecht, richtig und falsch. Die Spaltung der Welt beginnt.

Ich analysiere mich und zerlege mich in meine Bestandteile. Ich bin dem ›wer bin ich?‹ auf der Spur. Und meine Suche beginnt im Bereich des Sichtbaren und Greifbaren.

Stück für Stück und Schritt für Schritt erfasse ich die Welt um mich herum und schaffe Ordnung. Das Leben wird zu einer Tatsache, die sich beweisen läßt. Ich selbst werde zu einer Persönlichkeit, die sich beschreiben läßt. Fakten und Kenntnisse werden zu meinem Rüstzeug, mit dem ich mich nun entfalten will.

Ich habe gelernt, und das Gelernte muß zum Ausdruck gebracht werden. Ob mit Worten oder Taten, ich teile mich dem anderen mit.

Mit Verstand und Intelligenz kann ich die oberflächlichen Probleme des Lebens lösen. Eine endgültige Antwort aber werde ich so nicht finden, denn kaum ist eine Frage gelöst, taucht schon die nächste auf.

Die Venus

Und doch ist da auch Harmonie. Die Welt ist schön, wenn ich sie lasse, wie sie von ihrem Schöpfer geschaffen wurde. Ich bin ihr Gast und genieße ihre Gaben mit meinen Sinnen. Friedlich und voller Liebe und Freude mache ich mir zueigen, was für mich da ist.

Farben, Melodien und Gerüche beschwingen und verlocken mich. Ich erkenne die Freude im Leben und lasse sie in mich ein.

Aber auch in mir ist ein Schöpfer, der seiner Liebe zum Dasein, zur Natur und zu den Menschen Ausdruck verleihen will. Auch ich mache mich schön und schmücke mich. Mit meinem Lächeln, meiner Anmut und Sinnlichkeit bezaubere ich die Menschen.

Singend und tanzend mache ich aus der Welt ein Kunstwerk und aus mir einen Lebenskünstler. Wie eine Göttin schwelge ich in den Kostbarkeiten, die die Mutter Erde schenkt.

Wenn ich darin aufblühe wie eine prachtvolle Blüte, ist es ihr schönster Dank.

Der Mars

Es drängt mich, etwas zu tun. Wenn ich weiterkommen will, dann muß ich handeln.

Ich brauche Mut, um Neues zu beginnen, und Spontanität, um meine Chance wahrnehmen zu können, wenn sie sich bietet. Ohne meinen Willen und meine Entschlossenheit käme nichts in Gang.

Ohne meine Tatkraft und Initiative bliebe nur noch Stagnation und Resignation. Das Leben aber ist Bewegung und Entwicklung.

Auch wenn es mir nicht um den langfristigen Erfolg geht, so muß ich doch jetzt in diesem Augenblick für mein Überleben kämpfen. Ich muß für mich sorgen und mich in der Welt behaupten. So kann ich nicht einfach die Hände im Schoß falten, sondern muß meine ganze Energie einsetzen, um mein Ziel zu erreichen. Manchmal läßt sich dabei ein Kampf nicht vermeiden.

Der Jupiter

Das Irdische allein genügt mir nicht mehr. Ich bin auf der Suche nach meinem höheren Sinn, nach meiner Weltanschauung, meiner Religion.

Ich möchte über mich selbst hinauswachsen. Nichts kann mich an meiner Entwicklung hindern. Ich bin frei, zu denken, was mir entspricht und dorthin zu gehen, wo es mir gefällt. Alles steht mir offen.

Auf meinem Weg der Erkenntnis wird der Horizont weiter und weiter. Aus dem Wissenden wird nun ein Weiser, der heller strahlt als die Sonne, weil sein Leuchten von innen kommt.

Der Himmel tut sich mir auf. Jetzt bin ich sein Verkünder, sein Prophet auf Erden. Mein erfülltes Herz fließt über vor Freude und ich kann nicht anders, als die Menschen an meinem Glück teilhaben zu lassen.

Der Saturn

Und doch bin ich in den Grenzen meines irdischen Daseins gefangen, in meinem Körper, meinem Denken, meinem Fühlen und in meiner Umwelt. Solange ich an diese Erde gebunden bin, kann ich doch nicht frei sein. Ich muß arbeiten, um zu leben, muß mich vor Kälte, vor Bedrohung und Verletzung schützen.

Es ist meine Verpflichtung und meine Aufgabe, mich diesem Leben zu stellen. Ich muß lernen, Schweres durchzustehen und Härten zu ertragen. Viele Steine sind mir in den Weg gelegt, aber aufgeben will ich nicht.

Zähigkeit und Ausdauer werden zu meinen Weggefährten. Alles braucht Zeit, das sehe ich jetzt ein. Doch wahre Reife wird mein Lohn!

Sich ein sicheres Fundament zu schaffen, bedeutet harte Arbeit. Doch dann bin ich bestens gerüstet, um in die außerirdischen Räume vorstoßen zu können.

Der Uranus

Welch eine Befreiung ist es, mich von meinen irdischen Fesseln zu lösen! Die Kraft meines Geistes verhilft mir dazu. Wie ein Vogel überschaue ich die Welt, die mir nun zu Füßen liegt. Ich bin nicht mehr an die Erde gebunden und bleibe doch ihr treuer Freund.

Nichts mehr bleibt meinem Bewußtsein verborgen. Plötzlich werden die großen Zusammenhänge sichtbar. Ich ahne, wohin der Mensch geht. Nun wird es nötig, die Entwicklung voranzutreiben. Fort mit allem, was starr und unbrauchbar geworden ist. Fort mit allem, was beengt, behindert und einschränkt. Hier hilft nur noch Ausbruch und Veränderung. Nichts mehr kann so bleiben, wie es vorher war.

Plötzlich erwacht meine Intuition. Nun brauche ich nur noch meinen Ideen und Eingebungen zu folgen, denn der Weg nach oben ist frei!

Der Neptun

Allmählich lösen sich die Grenzen des irdischen Daseins auf. Die Konturen meines Egos verschwimmen und meine Seele schält sich aus den Hüllen der Illusion.

Nichts mehr von dem, was ich jetzt sehen kann, läßt sich mit Worten ausdrücken, denn hier endet die physische Realität.

Wie ein Regentropfen, der sich wieder mit dem Ozean vereint, wird meine Seele eins mit dem Universum. Liebe durchströmt mich überall. Eine Liebe, die nichts fordert, weil sie sich nie erschöpft. Ihre Quelle hat ihren Ursprung nicht mehr auf dieser Welt. Mit irdischen Mitteln läßt sie sich nicht fassen. Wer aus ihr schöpfen will, darf nicht in der materiellen Welt bleiben.

Ich habe Gott in mir gefunden. Nun ist meine Aufgabe als Mensch erfüllt.

Was bleibt mir also noch zu tun, als den Menschen auf ihrem Weg dorthin mit Liebe und Verständnis zu begegnen und ihnen behilflich zu sein?

Der Pluto

Bei jeder Geburt kämpfe ich mich durch einen dunklen Geburtskanal ans Licht einer neuen Welt. Selbst der Tod ist Geburt. Ich sterbe und werde neu.

Alles ist Wandlung und Metamorphose. Dies zu wissen, setzt die stärksten Kräfte frei. Jetzt habe ich die Macht zu zerstören, was der Geburt meiner Seele im Wege steht, und sei es das Leben selbst. Meine Kraft kann Berge versetzen und kein Wunder ist mir unmöglich. Ich bringe Leben hervor und vernichte es, wenn es notwendig ist.

Ich habe alles im Leben zutiefst durchlebt und durchlitten, um die Wahrheit zu finden. Wenn ich sie schließlich gefunden habe, dann bin ich sehr mächtig. Mit dieser Macht aber muß ich sehr vorsichtig umgehen, denn sie darf nicht für die falschen Zwecke eingesetzt werden.

Licht und Schatten, Himmel und Hölle, Gott und Teufel liegen hier nicht sehr weit auseinander. Die schwarze Magie lebt von derselben Kraft wie die weiße. Bin ich lieblos, dann muß ich die Hölle durchleben, bis ich erkenne. Luzifer bringt das Licht. Doch wenn in mein Herz Liebe eingekehrt ist und Weisheit mein Handeln bestimmt, dann bin ich auf dieser Stufe ein Erleuchteter, ein Buddha geworden!

Sich
mit Inhalt
füllen

Der Tierkreis

Nun also sind die Kräfte erwacht. Mitten auf dieser Erde will ich mich nun entfalten. Aber erst noch wollen meine Kräfte mit Inhalt gefüllt werden. Meine Seele erhält nun ein irdisches Antlitz. Die Erde, die ihr die Lebensbedingungen schenkt, prägt dem neuen Menschenkind nun auch ihre eigenen Gesetze ein, deren Ganzheit sich im Tierkreis spiegelt.

Die zwölf Tierkreiszeichen symbolisieren zwölf Energiezustände des irdischen Seins, durch die sich die kosmischen Kräfte ausdrücken können. Sie färben unsere Kräfte und geben ihnen einen ganz speziellen Inhalt.

Die Kombination von Planeten und Tierkreiszeichen ergibt meine ganz persönliche Veranlagung. Nun bin ich ein Mikrokosmos im Makrokosmos, ein Teil des Ganzen. Auf meine ganz individuelle Weise bin ich mit meiner Veranlagung bestimmt, den Weg auf Erden zu beginnen, der zunächst einmal heißt: ›Erkenne dich selbst!‹.

Vier Elemente stehen uns auf der Erde zur Verfügung: Feuer und Wasser, Luft und Erde. Das Feuerelement eignet sich, dynamische zeugende Kräfte zu verwirklichen. Das Wasserelement setzt die Seelenkräfte gefühlsmäßig um. Das Luftelement entspricht den geistigen Kräften und das Erdelement verhilft den verwertenden und gestaltgebenden Kräften zum Ausdruck. Den vier Elementen sind jeweils drei Tierkreiszeichen zugeordnet, von denen jeweils eines die einleitende Funktion besitzt. Diese sogenannten *kardinalen* Zeichen stehen jeweils am Anfang eines neuen Lebensabschnitts, der sich in der Natur in den Jahreszeiten spiegelt.

Mit dem kardinalen Feuerzeichen Widder beginnt der Frühling, mit dem kardinalen Wasserzeichen Krebs der

Sommer, mit dem kardinalen Luftzeichen Waage der Herbst und mit dem kardinalen Erdzeichen Steinbock der Winter. Jedes Element erhält also einmal im Jahr die Möglichkeit, das ihm entsprechende Prinzip zu initiieren.

Ebenso verhält es sich mit der jeweils zweiten Phase in den vier Jahreszeiten, in denen sich das bereits Vorhandene formt und festigt. Dieser Phase entsprechen die *fixen* Zeichen Stier im Frühling, Löwe im Sommer, Skorpion im Herbst und Wassermann im Winter.

Und immer und überall ist alles im Wandel. Eine Jahreszeit geht in die nächste über, das Leben verändert sich in einer ständigen Entwicklung und Reifung. Diesen Prozeß stellen die sogenannten *veränderlichen* Zeichen dar. Das Luftzeichen Zwillinge im Frühling, das Erdzeichen Jungfrau im Sommer, das Feuerzeichen Schütze im Herbst und das Wasserzeichen Fische im Winter.

Jedes Element erscheint einmal in kardinaler, einmal in fixer und einmal in veränderlicher Bedeutung. Jeder Energiezustand beginnt mit einem kardinalen Zeichen, manifestiert sich in einem fixen und bereitet sich im veränderlichen Zeichen auf den nächsten vor.

Der Energiezustand meiner Kräfte wird astrologisch von der kardinalen, fixen oder veränderlichen Qualität und dem Element des jeweiligen Zeichens bedingt. Daraus entstehen die zwölf Inhalte der Tierkreiszeichen, mit denen ich Dich nun vertraut machen will.

Die feurigen Energien

Das Feuerelement übernimmt die Aufgabe, Energien frei-
zusetzen und Aktivität zu entfalten. Die feurigen Energien sind die lebensspendenden und lebensbedingenden
Kräfte im Menschen und symbolisieren seine impulsge-
bende und motivierende Dynamik.

Diese Kraft setzt sich auf körperlicher Ebene als erstes
im kardinalen Feuerzeichen Widder um, das dem Mars als
bester Wirkungskreis zur Verfügung steht. Der Mars fühlt
sich als die Zeugungskraft auf der Erde in der initiativen
Feuerenergie des Widders zuhause. Hier kann er sich am
leichtesten verwirklichen.

Das wirkende Feuer oder die zentrierte Lebenskraft finden wir im fixen Feuerzeichen Löwe verkörpert. Ihm wird
die Sonne als Planet zugeordnet, die Konzentrierung der
Kräfte im Zentrum meiner selbst. Die Sonnenkraft findet
hier ihr entsprechendes Element und den ihr gemäßesten
Ausdruck.

Der dritte Energiezustand des Feuerelements, das veränderliche Feuerzeichen Schütze, wird von einer geistigen
Kraft genützt, dem Planeten Jupiter. Hier gibt das Feuer
den geistigen Anstoß, nach dem persönlichen Lebenssinn
zu suchen. Damit kann ich mich vom ›Menschentier‹ zu
einem göttlichen Wesen entwickeln.

Das kardinale Feuerzeichen Widder

Ein Planet, der die Widder-Energie umsetzt, drängt mich zum Handeln, zur Aktivität. Ich will immer sofort die Initiative ergreifen. Die kardinale Widder-Energie ist wie eine Stichflamme, die plötzlich in mir emporschießt und aus mir herausbricht, temperamentvoll, energisch und übermütig.

Mit der Widder-Energie bin ich immer ein bißchen schneller als die anderen und auch ein bißchen mutiger. Ich habe keine Zeit, lange über mein Vorhaben nachzudenken. Ich nehme alles lieber gleich in Angriff. Was zu tun ist, tue ich spontan aus dem Impuls heraus.

Mein Ziel liegt nicht irgendwo in weiter Ferne. Meine Absicht ist, mich mit voller Kraft auf den Augenblick einzulassen. Geduld ist nicht gerade meine Stärke und Nichts-Tun ist mein ärgster Feind.

Ständig bin ich in Bewegung, um die Welt zu bewegen. Niemand kann mich daran hindern, meine geballte Energie einzusetzen, um Dinge ins Leben zu rufen, die es vorher noch nicht gab.

Manchmal bin ich sehr rücksichtslos und denke nur an mich und meine Pionierarbeit. Aber wer kann es mir verübeln? Schließlich lege ich den Grundstein, auf dem die anderen bauen!

Das fixe Feuerzeichen Löwe

Hier befindet sich die Feuer-Energie sozusagen in einem
›festen‹ Zustand. Ich empfinde die Wärme des Feuers. Wo
es warm ist, fühle ich mich sicher und geborgen. In mir
selbst glüht eine Sonne und strahlt meine Menschlichkeit
aus. So besitze ich viel, um viel geben zu können. Herzlich
will ich sein und liebevoll mich zeigen. Ich habe ein großes
Herz, aus dem die Liebe spricht. Liebe ist kein leeres Wort
für mich. Lieben macht mich stark und schöpferisch.

Das Feuer in mir bedingt, daß ich aktiv werde und
handle. Ich kann nicht stillsitzen und warten, bis etwas geschieht. Es liegt alles in meiner Hand, ich muß es nur tun.
So bleibe ich nicht im Hintergrund und überlasse anderen
die Bühne. Ich selbst bin der Hauptakteur und meine
Rolle, die bin ich selbst. Das ›Ich‹, das mir in diesem
Leben gegeben ist, wird zu meiner Selbsterfahrung. Ich er-
probe mich, ich messe und vergleiche mich. Ich bin mir
meiner Einmaligkeit bewußt und will sie verwirklichen.

Wenn ich nicht aufpasse, befinde ich mich oft sehr allein auf meinem Thron. Und das Alleinsein macht den
starken Helden in mir einsam und krank. Dann bin ich abhängig von der Zuneigung anderer und ich strenge mich
sehr an, ihnen zu gefallen und zu imponieren. Die Menschen zu mir hinaufzuheben, läßt mein Stolz nicht zu. Es
ist mein Thron, mein uneingeschränkter Besitz, den zu tei-
len ich nicht bereit bin. Vom Thron herabzusteigen und
mich unter die Menschen zu mischen, ist unter meiner
Würde, – schließlich will ich nicht einer unter vielen sein.
So wird mir das große Geschenk, mich selbst zu haben,
manchmal zu einer schweren Last. Wenn ich nicht fallen
will, muß ich ein weiser Herrscher sein, der seine Schätze
in Liebe mit anderen teilt.

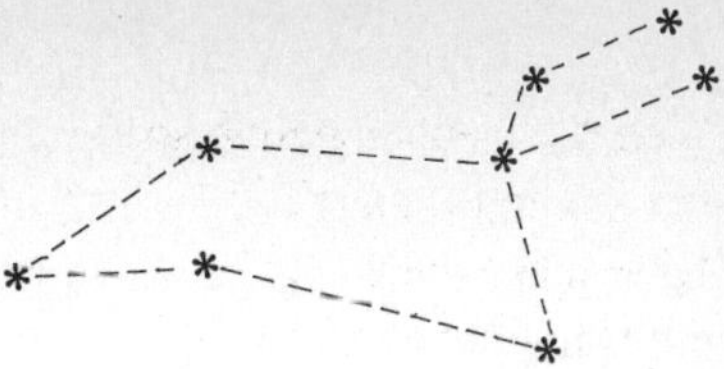

Das veränderliche Feuerzeichen Schütze

Das Feuer des Geistes heißt Inspiration und Begeisterung. Mit der feurigen Schützeenergie begebe ich mich auf den spirituellen Weg und erschließe die geistigen Räume.

Ideen, Meinungen, Weltanschauungen, Philosophien sind meine Wegweiser. Meine Wahrnehmung ist wie ein hochempfindlicher Empfänger, der alles, was um ihn herum vorgeht, in sich aufnimmt und in einen verständlichen Zusammenhang bringt.

Ständig bin ich in Bewegung. Ich bin auf der Suche und habe keine Zeit, mich lange an ein und demselben Platz aufzuhalten, denn mein Ziel liegt in weiter Ferne. »Was ich denn suche«, fragst Du nun. Ich weiß es selbst nicht genau. Ich will einfach weiterkommen, nicht dort bleiben, wo ich jetzt gerade bin. Erfahren will ich, wissen will ich, verstehen will ich. Das ist mein Ziel, das meinem Leben Sinn gibt.

Mein Leben ist eine endlose Reise. Ständig begegne ich Neuem, das ich voll Enthusiasmus in mich aufnehme. Ich begeistere mich für Ideen, die mich weiterbringen und mein Herz entflammt für Menschen, die mich inspirieren und die voller Optimismus demselben Stern folgen wie ich. Aber nicht viele bleiben, weil ihnen der Mut zum Abenteuer fehlt. Dann lasse ich sie los und ziehe alleine weiter. Freisein heißt, miteinander, aber auch ohne einander leben zu können! Freiheit bedeutet Entwicklung, Fortschritt und Offensein für eine Zukunft, die immer mehr sein wird als das Jetzt, weil ich selbst expandiere.

Die luftigen Energien

Das Luftelement bildet den Gegenpol zum Feuerelement. Im Tierkreis steht jedem Feuerzeichen ein Luftzeichen genau gegenüber. Feuer und Luft bilden gemeinsam ein Gegensatzpaar, die Feuer-Luft-Achse, wobei ein Element dem anderen seinen Sinn verleiht.

Das Luftelement bringt den Geist zum Ausdruck, der sich mit der lebendig gewordenen stofflichen Welt verbindet und den Menschen zu dem macht, was er ist — zu einem bewußten Wesen.

Im kardinalen Luftzeichen Waage wird eine Körperkraft, die Venus, mit dem geistigen Prinzip konfrontiert. Geist und Materie berühren sich und machen den Menschen bereit, aus seiner reinen Triebnatur eine echte Beziehung zu einem anderen aufzubauen. Im Zeichen Waage wird mir die Polarität von Ich und Du bewußt. Damit stelle ich die Verbindung zum gegenüberliegenden Feuerzeichen Widder her, wodurch die Vereinigung von Mars und Venus sinnvoll und kreativ wird.

Die Erkenntnisfähigkeit des geistigen Planeten Uranos wirkt im fixen Luftzeichen Wassermann, in dem sich die Luft gleichsam verdichtet und eine Dynamik erhält, mit der ich mein irdisches Sein in der Mitte meines Selbst durchstoße. Im gegenüberliegenden Zeichen Löwe lebe ich mein Sein, weshalb mich der Geist im Zeichen Wassermann auf mein Nicht-Sein aufmerksam machen muß. Damit erlange ich Bewußtheit über meine diesseitige und meine jenseitige Realität.

Das veränderliche Luftzeichen Zwillinge stellt eine Überleitung zum Erdelement dar und bringt die geistige Kraft des Merkur zur Entfaltung. Dadurch bin ich in der Lage, mich mit der konkreten Wirklichkeit auseinanderzusetzen und die stoffliche Welt auf geistigem Wege zu begreifen. Die Ergänzung mit dem Gegenpol Schütze liegt hier in der Erkenntnis, daß ich auf dem Weg zum Göttlichen mit dem Menschlichen beginnen muß.

Das kardinale Luftzeichen Waage

Das kardinale Luftzeichen Waage stellt den bewußten Kontakt zum Du her. Hier bin ich elitär, in dem Sinne, daß ich bewußt eine Auswahl treffe, weil ich das suche, was zu mir paßt. Ich richte mich nach meinem Geschmack und persönlichen ästhetischen Empfinden.

Immer und überall strebe ich nach Harmonie. Besonders wichtig ist es für mich, den Menschen taktvoll und tolerant zu begegnen. Mein Sinn für Gerechtigkeit und Fairneß ist sehr ausgeprägt und ich hasse es, streiten oder kämpfen zu müssen. Viel lieber suche ich das Gespräch, das vermitteln oder schlichten soll. Eine gütliche Einigung, ein Kompromiß läßt sich immer finden, wenn ich nur genügend auf den anderen eingehe.

Auch in meinen Entscheidungen bin ich mehr für das ›Sowohl-als-auch‹ als für ein ›Entweder-oder‹. So vieles läßt sich in Einklang miteinander bringen, wenn man bereit ist, seinen Egoismus aufzugeben. Denn was bin ich, ohne ein Du?

Ich brauche den Partner, den Lebensgefährten, den wahren Freund, um mich vollständig zu fühlen. Ich brauche die andere Hälfte, die mein Ich ergänzt, sonst bin ich halb und allein, und wem soll das nützen!

Einsamkeit und Alleinsein kann ich schwer ertragen. So bin ich ständig in Kontakt mit meiner Umwelt, in die ich mich mühelos einfügen will. Ich weiß, wie man sich benimmt und erkenne, daß ich mit meinem Lächeln mehr erreiche als mit den Ellenbogen. Darin liegt meine Stärke und meine Schwäche zugleich, denn ich bin davon abhängig, stets das Richtige zu tun. Einen Fauxpas kann ich mir nicht erlauben, weil ich die Zuneigung der anderen nicht entbehren kann.

Mit der kardinalen Waage-Energie bin ich mir der Abhängigkeit des Ichs vom Du bewußt. Meine Aufgabe ist es also, eine Verbindung zwischen den beiden zu knüpfen, durch die sie eins werden. Und dies gelingt nur in der Harmonie, dem liebevollen Aufeinanderzugehen und der Bereitschaft, sich miteinander zu verständigen.

Das fixe Luftzeichen Wassermann

Im fixen Luftzeichen Wassermann kristallisiert sich die bewußte Auseinandersetzung mit der Welt zu einer ganz individuellen Weltanschauung.

Von meinem geistigen Standpunkt aus betrachte ich alle Menschen als Brüder und Schwestern, ohne darüber die Individualität jedes einzelnen zu vergessen. Im Gegenteil bin ich mir bewußt, daß es gerade die Einzigartigkeit eines jeden Menschen ist, die sein Leben, seinen Weg und seine Aufgabe in dieser Welt charakterisiert.

So muß ich unabhängig und unangepaßt meine Eigenart entfalten. Ich kann mich nicht nach der Masse richten, sondern nur nach mir selbst. Und doch bin ich kein Einzelgänger und suche die Gemeinschaft, in der ich mich spiegeln kann. Und um ein besonders klares Bild meiner Einmaligkeit zu erhalten, tanze ich gerne einmal aus der Reihe, tue genau das, was nicht angebracht ist, und entspreche nie der Erwartung, die man an mich stellt. Dabei ist es nicht so, daß ich gegen die Regeln verstoße. Vielmehr lassen sich die Regeln und Gesetze der Gesellschaft gar nicht auf mich anwenden. Sie sind für mich nicht gültig, weil sie nicht zu mir passen. Ich stehe über den Dingen und bin meiner Zeit weit voraus.

Doch wer nun glaubt, es ginge mir nur um einen extravaganten Egotrip, der irrt sich gewaltig in mir. Niemandem ist der Begriff ›Ego‹ so klar wie mir, so daß ich ihm schließlich nicht mehr ausgeliefert bin. Erst dann bin ich nicht mehr in mir selbst gefangen. Nicht Selbstbewußtsein ist es, was ich dadurch erlange, sondern Bewußtheit über mein Selbst und mein Sein.

Ich erkenne, was es heißt, das materielle Sein, die physische Realität mit ihren Abhängigkeiten zu transzendieren.

Mutig wage ich das Abenteuer einer neuen Welt, denn ich sehe heute, was morgen wirklich sein wird. Bei konventionellen und traditionsbewußten Menschen treffe ich mit meinen progressiven Ideen auf wenig Verständnis und oft bin ich ganz auf mich selbst gestellt. Dann bin ich froh, daß ich unabhängig und frei bin, und in einer Welt mein Eigenleben führen kann, die morgen sowieso nicht mehr dieselbe sein wird.

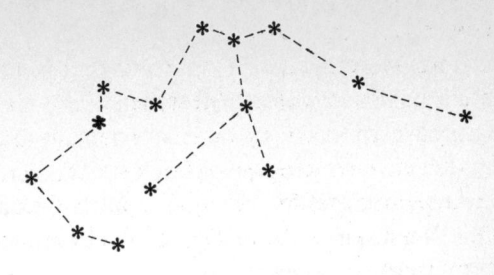

Das veränderliche Luftzeichen Zwillinge

Mit der veränderlichen Zwillings-Energie sehe ich die Welt mit großen Kinderaugen und bin nach allen Seiten hin offen. Ich bin neugierig, wie die Welt funktioniert. Ich analysiere und studiere die Menschen und lerne ständig Neues und Interessantes dazu. Das Leben ist ein großes Spiel, das mir niemals langweilig wird.

Doch wer so vieles erfahren und erleben will, hat keine Zeit, sich länger oder eingehender mit einer einzigen Sache zu beschäftigen. Meine Stärke liegt darin, über alles etwas zu wissen, statt über etwas alles.

Auf die Menschen wirke ich anregend und prickelnd wie ein Glas Champagner, aber manchmal verbreite ich auch Hektik und Nervosität. Ich kann nicht stillhalten und ruhig sein, und schon gar nicht lange am selben Ort bleiben, geschweige denn bei einem einzigen Menschen. Wehe dem, der mich einengen und mir meinen Freiraum nehmen will. Ich bin kein Vogel, den man in einen goldenen Käfig sperren kann. Und wer es dennoch versucht, wird bald die Flüchtigkeit meines Luftelements zu spüren bekommen. Das trägt mir oft den Ruf der Oberflächlichkeit ein. Doch dort wo man mich versteht, werde ich mich immer wieder hinbegeben, um im Gespräch Erfahrungen auszutauschen und neue Anregungen zu erhalten, die mir helfen, die vielen Eindrücke zu verarbeiten.

Denn mit der Zeit quält mich die Vielfalt, weil sie alles spaltet, teilt und zerreißt. Überall erkenne ich die Dualität, den Kontrast, die Gegensätze. Auch in mir spüre ich Zerrissenheit und Zwiespältigkeit. So gilt meine größte Sehnsucht der Vereinigung, dem Einssein, und ich suche nach einem Weg, der mich dort hinführen wird.

Die erdigen Energien

Die erdigen Energien dienen der physischen und materiellen Existenz des Menschen auf dieser Erde. Die Erde stellt mir meine Bedingungen, aber sie liefert mir auch alle Möglichkeiten, die ich zum Leben brauche. Hier geht es um die Realität und das, was ich darin tun muß und tun kann.

Im kardinalen Erdzeichen Steinbock erlebe ich die Körperkraft des Saturn. Mit ihm manifestiert sich die Fähigkeit, das physische Dasein zu meistern, um gesund zu bleiben und zu überleben. Im Zeichen Steinbock stoße ich daher auch auf meine Grenzen, die mit dem Erdenleben notwendig verbunden sind.

Auch im fixen Erdzeichen Stier verwirklicht sich eine Körperkraft, die Venus. Sie verhilft der Erde dazu, Früchte zu tragen, und macht den physischen Körper bereit, Leben zu empfangen.

Und noch einmal zeigt sich, daß auch die Erde von Geist durchdrungen ist. Im veränderlichen Erdzeichen Jungfrau findet die Merkurkraft ihre zweite Entsprechung und macht mir meine irdische Realität bewußt.

Das kardinale Erdzeichen Steinbock

Mit der kardinalen Steinbock-Energie beginnt der Winter. Die Kräfte ziehen sich nach innen zurück und konzentrieren sich als geballte Lebensenergie, die den Kampf gegen Kälte, Eis und Schnee bestehen kann.

Eine sehr mächtige und zähe Kraft ist es, die mich hier motiviert, zu überleben. Ich weiß, daß ich das Leben meistern muß, weil dies meine Aufgabe ist.

Schutz und Geborgenheit hole ich mir von der Erde und der stofflichen Welt, die sie repräsentiert. Aus der Erde und auf der Erde muß ich bauen, um ein Dach über dem Kopf zu haben. Und mein Haus braucht starke Mauern, denn sie müssen vielem standhalten können. So muß ich mich bemühen, solide Arbeit zu leisten, und Ausdauer zu beweisen, denn was ich erreichen will, ist nicht in einem Tag zu schaffen.

So bleibe ich beständig in einer unbeständigen Welt. Wie ein Fels in der Brandung trotze ich Wind und Wetter, ja sogar der Zeit.

Nach außen hin wirke ich wie ein Eremit, der, zeitlos und weise geworden, von einem Hauch Einsamkeit umgeben ist und die Menschen an ihre Schicksalsbestimmungen erinnert. Aber in meinen Augen liegt das Vertrauen, das man aus der langen Zeit des Reifens gewinnt, und ich strahle die erdige Wärme einer Liebe aus, die sich denjenigen offenbart, die den Mut haben, dem Leben ins Gesicht zu sehen.

Das fixe Erdzeichen Stier

Wenn ich von der Stier-Energie durchdrungen bin, dann nehme ich das Irdische als Geschenk, als kostbaren Besitz, in dem ich mich ganz nach meinem Belieben einrichten kann. Die Erde hat mich reich beschenkt. Nun heißt es, aus dem vorhandenen Material etwas zu machen. Die Natur ist dabei mein Vorbild und mein Lehrmeister. Ich will es ihr gleichtun und aus mir einen großen Künstler und aus meiner Umwelt ein vollendetes Kunstwerk machen.

Mit Farben belebe ich kahle Wände und schmücke mein Haus. Aus Holz schnitze ich eine venusische Gestalt, aus Ton forme ich ein kunstvolles Gefäß, aus Tönen komponiere ich eine beschwingte Melodie. Aus einfachen Fäden fertige ich ein kostbares Gewand und aus den rohen Zutaten meines Essens zaubere ich eine kulinarische Köstlichkeit.

Der Lebenskünstler in mir genießt den irdischen Reichtum. Und jeder, der meinen Frieden nicht stört, ist eingeladen, meine Feste mitzufeiern. Doch wenn ich mein kleines Paradies auf Erden bedroht sehe, bin ich bereit, es mit allen Mitteln zu verteidigen. Und wehe dem, der zu spät erkennt, wo meine Grenzen sind!

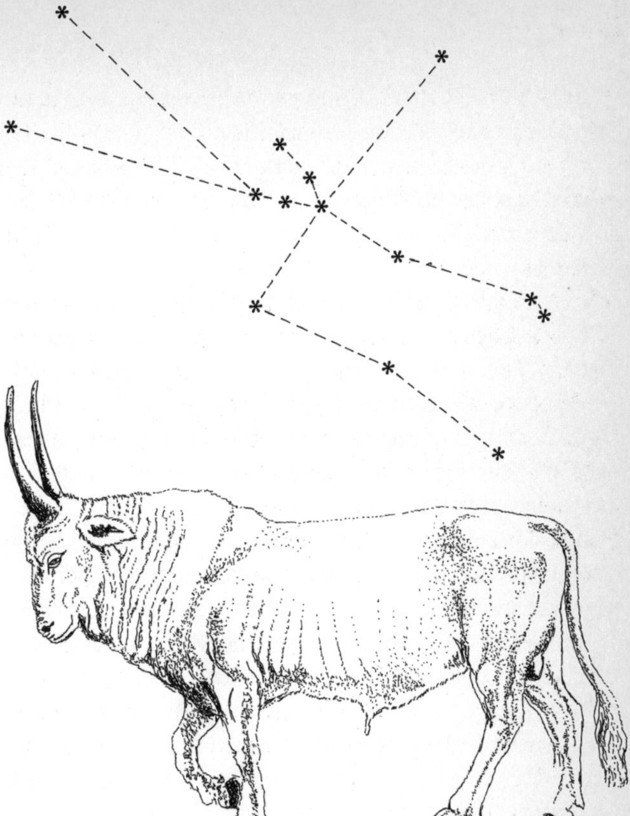

Das veränderliche Erdzeichen Jungfrau

Allmählich neigt sich der Sommer seinem Ende zu und es wird Zeit, zu ernten. Ich nehme, was mir das Leben bietet, um es zu verwerten und zu verarbeiten. Ich sichere mir einen bescheidenen Anteil des Ertrags und teile das Übrige mit den anderen, denn ich bin mir bewußt, daß nichts von Dauer ist.

So muß ich Vorkehrungen treffen, um meine irdischen Güter möglichst lange zu bewahren. Ich bin zurückhaltend im Geben und Nehmen, denn zuviel ist niemals gut. Überfluß ist Verschwendung, und wie verschwenderisch sich die Natur auch zeigen mag, ich weiß, daß hinter allem harte Arbeit steckt. Von nichts kommt nichts, und wer nicht sät, der kann nicht ernten.

Alles im Leben folgt einem Plan, in dem jeder das Seine zu tun hat. Ich bin dem Leben verpflichtet und bemühe mich, meine Sache gut zu machen. Ich erwarte keinen Dank und keine Belohnung für meine Mühe. Denn zufrieden bin ich erst, wenn ich in der Gewißheit leben kann, daß ich meine Felder so gut bestellt habe, daß sie immer wieder neue Früchte hervorbringen werden.

♍ ☿

Die wäßrigen Energien

Das Wasserelement ist das Reich der Seele. Alle drei Seelenkräfte, Mond, Pluto und Neptun, finden hier ihren Ausdruck.

Das Erdelement bildet die Polarität zum Wasserelement. Durch die Erde wird der Mensch zu einem materiellen körperlichen Wesen, das vom Wasser beseelt wird. Die Erde schafft feste Strukturen und Formen, die starr und rein funktionell wären, wenn sie nicht von der Seelenkraft durchdrungen werden. Die Erde wird vom Wasser aufgeweicht. Das Wasser prägt ihr seine Spuren ein, die Materie belebt sich. Erde und Wasser gemeinsam werden zu fruchtbarem Boden, auf dem Leben wachsen und gedeihen kann.

Im kardinalen Wasserzeichen Krebs ist der Mond zuhause. Hier verkündet er seine Botschaft, die lautet: ›Ich bin voll Gefühl‹. Ich öffne mich den Seelenkräften und lasse mein Gefühl fließen. Ich lebe das Kind in mir und brauche mütterliche Liebe und Schutz. Den erhalte ich im gegenüberliegenden Zeichen Steinbock, das mir zeigt, wie man eine reife und erwachsene Persönlichkeit entwickelt.

Der Planet Pluto, der die Urkraft der Seele verkörpert, lebt sich im fixen Wasserzeichen Skorpion. Hier komme ich mit meinem tiefsten Innern in Kontakt und lerne, mit den seelischen Kräften umzugehen. Dafür muß ich die sinnbildlichen ›Höllenqualen‹ durchleben. Meinen ruhenden Pol finde ich im friedlichen Erdzeichen Stier, das mir wieder festen Boden gibt.

Der Tierkreis endet mit dem veränderlichen Wasserzeichen Fische, in dem sich Neptun mit seiner allumfassenden Liebe und kosmischen Verbundenheit einbettet. Mit meiner Bereitschaft, alles loszulassen, werde ich reif für eine erneute Geburt im angrenzenden Feuerzeichen Widder. Anfang und Ende gehen ineinander über, wo Feuer und Wasser zusammentreffen.

Der Gegenpol des Zeichens Fische liegt im Erdzeichen Jungfrau, das mich vor der vollständigen Auflösung bewahrt, weil mir sonst ein Leben in der konkreten Wirklichkeit unmöglich wäre.

Das kardinale Wasserzeichen Krebs

Mit der kardinalen Krebs-Energie dringt das Gefühl nach außen, wie Wasser aus einer Quelle. Hier beginnt das Gefühl, auf der Erdoberfläche wirksam zu werden. Es sucht sich ein Flußbett, in dem es seinen natürlichen Lauf nehmen kann, um die Erde fruchtbar zu machen und den Durst der Menschen zu stillen. Doch es ist den menschlichen Launen ausgeliefert, die es kanalisieren und nach ihrem Willen gebrauchen wollen. So wird aus manch einer munteren und quicklebendigen Quelle ein brackiger Tümpel oder ein sterbender Fluß, in dem die lebensspendende Kraft des Wassers langsam erlischt. Wenn das geschieht, verwandelt sich der natürliche Strom der Gefühle in ein Phantasiegespinst, das von Traumbildern umwoben, in einen Dornröschenschlaf verfällt.

Mit der Krebs-Energie bringe ich die Seele auf die Welt. Ich bin bestimmt, dem Fühlen zur Geburt zu verhelfen. Doch bin ich abhängig von der Außenwelt und den Bedingungen, die sie mir stellt. Mein Gefühl will sich verströmen. Ich will es den Menschen zum Geschenk machen. Eine Wohltat und ein Labsal soll es sein, das die Gesunden stärkt und die Kranken heilt.

Ich weiß, daß ich mit meiner sanften liebevollen Art der Zuwendung Wunder vollbringen kann. Aber dafür brauche ich Offenheit, Angenommensein und Entgegenkommen, denn ich bin zu weich und zu durchdringbar, um auf mich selbst aufmerksam machen zu können. Wer mir aber seine Hand reicht, dem wird ein Gefühl zuteil, das einer nie versiegenden Quelle entspringt.

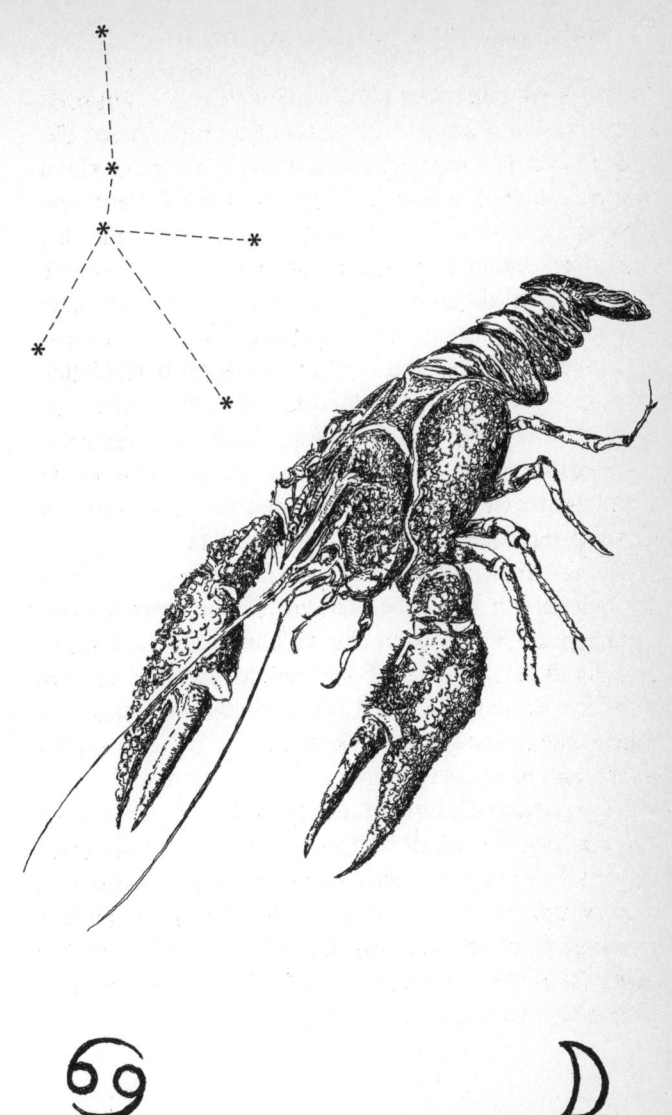

Das fixe Wasserzeichen Skorpion

Mit der Skorpion-Energie suche ich den Ursprung des Wassers, der tief in der Erde verborgen liegt. Wasser, das sich mit unterschiedlichem Lauf in die Gesteinsschichten eingebettet hat, um von dort aus seinen ewigen Kreislauf zu beginnen. Wasser, das aus der Tiefe des Erdinnern nach oben drängt, um sich mit den Elementen zu verbinden, und schließlich im ständigen Prozeß der Verwandlung wieder an seinen Ursprung zurückkehrt.

Mit der fixen Skorpion-Energie bin ich mir bewußt, daß das Leben selbst in einem ständigen Wandel begriffen ist, die Substanz unseres Seins aber immer eins bleibt, – einen gemeinsamen Anfang und ein gemeinsames Ende besitzt. Alles ist real. Die Existenz meiner Seele wird mir bewußt. Ihre Unsterblichkeit wird mir allmählich zur Gewißheit.

In allem, was ich erlebe, suche ich diesen Ursprungsort, dringe in die Wirklichkeit ein, wie ein Wassertropfen, der sich durch die unzähligen Schichten der harten Erdkruste gräbt, bis ich dort angelangt bin, wo sich in der Finsternis das Licht der Wahrheit offenbart.

Die Skorpion-Energie bringt die Seele in ihrer Urform zum Ausdruck. Das allumfassende Seelische, das sich in einer irdischen Vielfalt auffächert, durchschaue ich hier immer wieder bis auf den Grund. Deshalb habe ich die Macht, die Illusion, die Maya, zu zerstören, bis nichts mehr bleibt als die Wahrheit. Und diese Wahrheit ist mein ewiger und wahrer Besitz, auf dem ich mein wahres Menschsein gründen kann.

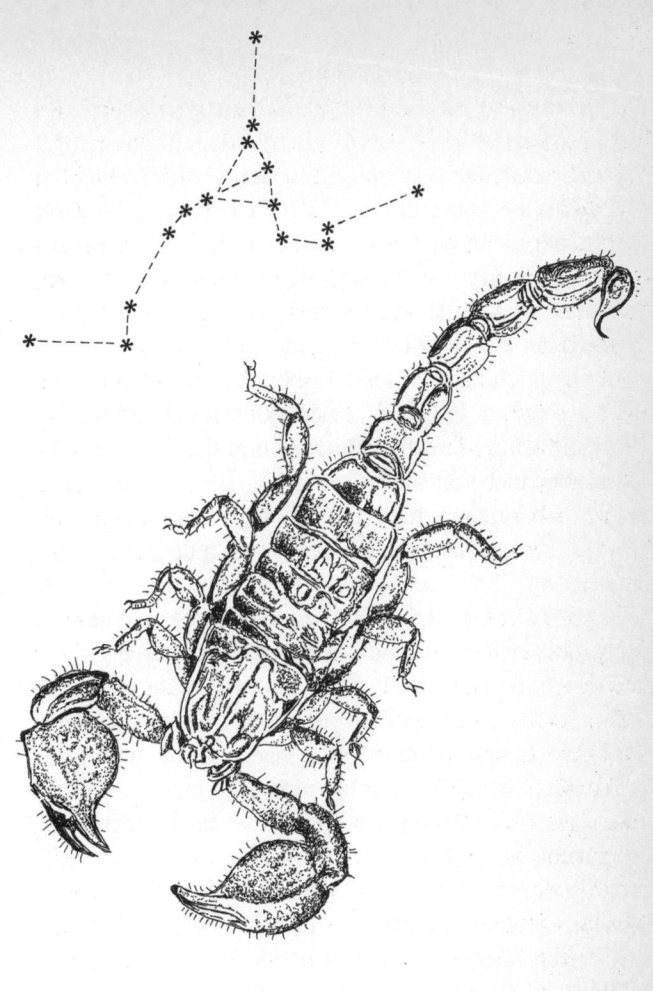

Das veränderliche Wasserzeichen Fische

Die Fische-Energie verkörpert die Vereinigung allen Wassers im Meer. Jeder Wassertropfen verschmilzt in den gewaltigen Ozeanen mit Abermillionen anderen Tropfen und bildet ein neues Ganzes. Als einzelner geht er darin unter, aber niemals ist sein Einssein so total wie hier.

Die Fische-Energie löst jeden Ego-Anteil in mir auf. Ich habe das Gefühl der Schwerelosigkeit, der Grenzenlosigkeit und der All-Verbundenheit mit dem Kosmos.

Nun bin ich zu selbstloser Liebe fähig, bereit, alles von mir hinzugeben. Ich biete keinen Widerstand mehr. Alles und jeder kann in mich eintauchen und sich von den Wellen meiner Liebe umspülen lassen.

Aber ich bin nicht mehr faßbar, begreifbar und begrenzbar. Ich bin wie das offene Meer, das sich dem Menschen hingibt und ihm doch das konkrete Eingreifen versagt. Was auch immer mit dem Wasser des Meeres geschieht, es kehrt stets in den Zustand des Einsseins zurück.

So entzieht sich die Fische-Energie der materiellen irdischen Wirklichkeit, weil sie nicht deren Grenzen folgt. Vielmehr besitzt sie eine völlig eigene Schwingung und Strömung, die nach außen hin nicht sichtbar und rational nicht erfahrbar ist. Wer sich aber auf sie einstimmen kann, der macht die mystische Erfahrung der Ekstase, die nicht mehr ›menschlich‹, sondern ›göttlich‹ ist!

Wenn ich Angst habe, die Hingabe und die Liebe meiner Fische-Energie bewußt zu leben, dann muß ich in die Einsamkeit fliehen, in die scheinbare Grenzenauflösung im Traum oder im Rausch. Die Illusion ist hier die größte Gefahr, wenn ich nicht reif genug bin, zwischen Wahn und Wirklichkeit, zwischen egoistischem Selbstbetrug und universeller Liebe und Selbstlosigkeit zu unterscheiden!

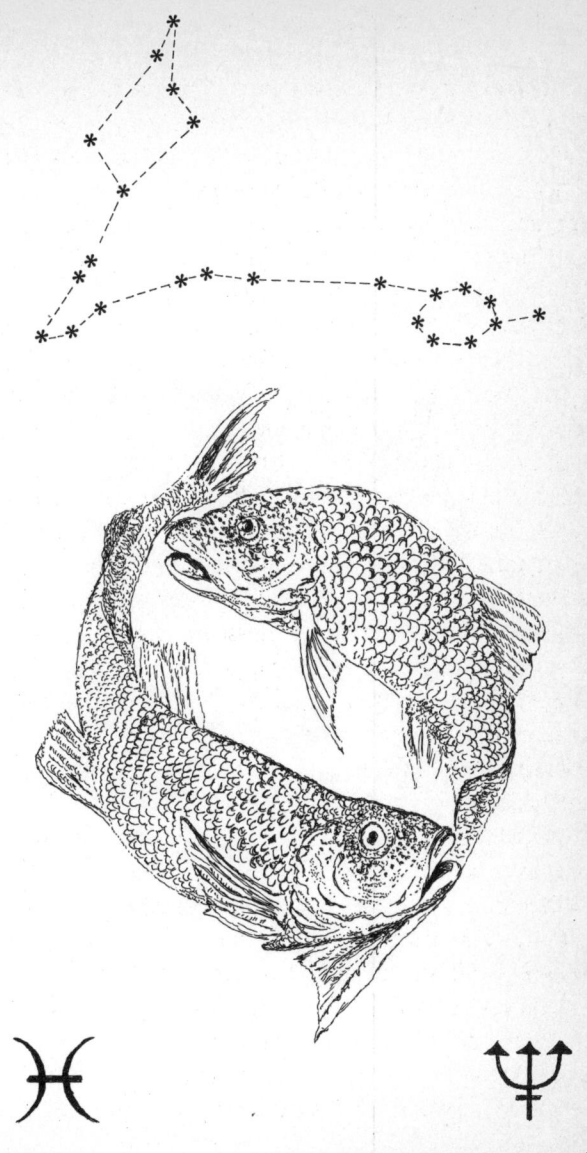

Mein Platz
in
der Welt

Die Häuser

Die Seele sucht sich eine Lebenssituation, in die sie ihr Potential einbringen kann, um im Physischen und Materiellen zu erleben, was für ihre Weiterentwicklung notwendig ist. Nun heißt es also, die Seelenkräfte in einem konkreten Lebensraum zu verwirklichen.

Ich habe mich in diesem Leben inkarniert, damit ich mich durch die verschiedenen Erfahrungen, die ich hier durchlebe, entwickeln kann. Meine Seele sucht sich die passenden Eltern, und ich werde somit genau in die Situation hineingeboren, in der das passiert, was ich lernen muß.

Der Weg der Seele führt von Leben zu Leben, gleichsam als Chance, durch den Spiegel der Umwelt zu erkennen, wer ich bin.

Das Äußere ist nichts anderes als ein Spiegel des Inneren. Die Menschen, mit denen ich mich umgebe, zeigen mir, wo ich selbst gerade stehe. Die Schwierigkeiten, mit denen ich äußerlich zu tun habe, sind das Abbild meiner inneren Konflikte. Jedes körperliche Unwohlsein weist mich auf eine Disharmonie in meiner seelischen Ganzheit hin. So hilft mir die Außenwelt mit meiner Innenwelt in Kontakt zu kommen. Wenn ich bewußt bin, wird jedes Erlebnis, ob positiv oder negativ, zu einem Schlüssel, der mir mein Inneres erschließt. Dann weiß ich, daß mir der ›Zufall‹ genau das bringt, was mir ›zufallen‹ soll, weil ich gerade diese Erfahrung brauche, um in diesem Augenblick weiterzukommen.

Die Aufeinanderfolge der zwölf astrologischen Häuser symbolisiert eine Kette von Umwelterfahrungen, die einen vollständigen Entwicklungszyklus der menschlichen Persönlichkeit ergibt.

Die Stellung eines Planeten in einem bestimmten Haus besagt, daß dieser Persönlichkeitsanteil mit der Thematik dieses Hauses konfrontiert ist. Das Tierkreiszeichen, das von dem betreffenden Haus eingeschlossen wird, zeigt die Energie und den Inhalt dieses Lebensbereiches an.

Wie ein roter Faden zieht sich der Entwicklungsweg des Menschen durch die zwölf Häuser: vom Eintritt ins Leben als unreflektiertes Ego am Ich-Punkt, dem Aszendenten, im ersten Haus, bis hin zur bewußten Auflösung des Ichs im ›höheren‹ Selbst in der mystischen Vereinigung des zwölften Hauses, das wiederum an den Ich-Punkt anschließt und den Kreis vollendet.

Der Weg zum spirituellen Bewußtsein führt durch vier Entwicklungsphasen — was durch die Horoskopunterteilung in vier Quadranten deutlich wird. Diese Verteilung des Horoskops entsteht durch das Kreuz der beiden senkrecht aufeinanderstehenden Hauptachsen, der horizontalen Achse vom Aszendenten (AC) zum Deszendenten (DC), und der vertikalen Achse vom Immun Coeli (IC) zum Medium Coeli (MC). Daraus ergeben sich die vier Hauptpunkte, innerhalb deren Thematik sich der Individuationsprozeß des Menschen vollzieht: der Ich-Punkt (AC) und der Du-Punkt (DC), der Kollektiv-Punkt (IC) und der Individual-Punkt (MC).

In jedem Quadranten befinden sich drei Häuser, die wiederum aufeinanderfolgend kardinalen, fixen und veränderlichen Charakter besitzen, was ich im vorigen Kapitel über den Tierkreis besprochen habe. Das jeweils erste Haus eines Quadranten leistet mit seiner kardinalen Qualität Pionierarbeit. Dies sind die Häuser, die an der Spitze der vier Hauptpunkte AC, DC, MC und IC beginnen, nämlich die Häuser 1, 4, 7 und 10. Die jeweils zweiten Häuser in einem Quadranten haben einen ›fixen‹ Auftrag.

Sie decken den mittleren Teil eines Entwicklungsstadiums ab, in dem sich das neu Eingebrachte des vorangegangenen kardinalen Hauses in einer klaren Form verdichtet und als konkreter Erfahrungswert in die Persönlichkeit integriert wird. Die dritten Häuser in den Quadranten entsprechen der veränderlichen Qualität, was darin zum Ausdruck kommt, daß sie wiederum an einem der vier Hauptpunkte enden, also in einen neuen Entwicklungsabschnitt überleiten.

Betrachten wir nun die zwölf Häuser im einzelnen, um zu erkennen, welchen Erfahrungsbereich wir uns ausgesucht haben, um das zu lernen, was uns in diesem Leben einen Schritt näher zur Vervollkommnung unseres Selbst bringt.

Der 1. Quadrant

Der 1. Quadrant beginnt am Aszendenten, dem Ort meines Ichs, in den ich hineingeboren wurde. Die drei Häuser, die der 1. Quadrant umfaßt, dienen dazu, das Fundament meiner Persönlichkeit zu bauen.

Planeten im 1. Quadranten haben die Aufgabe, meiner Persönlichkeit aus dem Gefühl ›ich bin‹ heraus, Konturen zu verleihen. Hier geht es in erster Linie darum, mein Ego auszubilden. Ich lebe aktiv aus mir selbst heraus. Der Impuls, mich zu entfalten, kommt aus meinem eigenen inneren Ich-Gefühl. Die erste Entwicklungsphase im menschlichen Leben dient dazu, ein intaktes Ego zu entwickeln, das dann zur Quelle eines in sich selbst zentrierten, dynamischen Persönlichkeitsausdrucks wird.

Die Lernerfahrungen des 1. Quadranten werden durch meine Eigeninitiative und meine Eigenaktivität verursacht. Ich lerne mich kennen, indem ich das zum Ausdruck bringe, was ich bin. Die Bewußtwerdung geschieht hier nicht dadurch, daß ich erlebe, wie die Umwelt auf mich wirkt, sondern gerade umgekehrt, indem ich erkenne, wie ich auf die Umwelt wirke. Alles, was sich in diesem Lebensraum ereignet, geht von mir aus und wirkt wieder auf mich ein. Im 1. Quadranten bin immer ich die Ursache meiner Wirkungen.

Die Chance der Planeten im 1. Quadranten liegt darin, sich fest in sich selbst zu verwurzeln, so daß die Persönlichkeit lebens- und entwicklungsfähig wird. Befinden sich keine Planeten im 1. Quadranten, besteht die Gefahr, daß ich mein Ego nicht aus eigener Kraft heraus entwickle, sondern mit Hilfe anderer.

An dieser Stelle ist es besonders wichtig zu verstehen, daß sich das Ego eines Menschen in jedem Falle ausbilden will, egal wie sich die Planeten auf die vier Quadranten verteilen. Oft kommt es im Zusammenhang mit Planeten im 1. Quadranten zu großen Mißverständnissen, wenn man diese fälschlich als ›egoistische‹ Wesensanteile deutet. Viele Menschen, deren Planeten in den Du-Raum des Horoskops fallen, also in die 2. und 3. Quadranten, erweisen sich als wesentlich ›egoistischere‹ Persönlichkeiten als Menschen mit Planetenhäufungen im 1. Quadranten. Das kann sogar daran liegen, daß die Planeten im 1. Quadranten leichter mit dem Ego in Berührung kommen können, da sie in dem für das Ego geeigneten Lebensraum konstelliert sind. Im Du-Raum hingegen werden oft andere Menschen benützt, um mit sich selbst in Kontakt gelangen zu können.

Unser Ego-Begriff ist sehr negativ behaftet, da wir ihn immer mit den neurotischen und destruktiven Ausdrucksformen des Egos in Verbindung bringen.

Das Ego hat nur die Funktion, die irdische Basis für die seelische Weiterentwicklung zu schaffen. Aus diesem Grunde ist die Kindheit so ausschlaggebend für die gesamte Persönlichkeitsentwicklung, da sich normalerweise in dieser Zeit ein >gesundes< Ego ausbilden kann. In der therapeutischen Praxis zeigt sich, daß immer zuerst die Ego-Lücken aus der Kindheit geschlossen werden müssen, damit die Persönlichkeit erwachsen werden kann. Ein Mensch, der sich spirituell sehr hoch entwickeln will, muß auf einem gesunden Ego aufbauen. Das Ego ist den Wurzeln eines Baumes vergleichbar. Je gesünder sie sind, um so höher und weiter ragt seine Krone in den Himmel hinein.

Wurzel und Krone aber schließen den Kreis, in dem sich das Ego in der Ganzheit des Selbst integriert und somit transzendiert wird.

Viele Menschen glauben, ihr >negatives< Ego zerstören zu müssen, um den Weg zum Höheren beschreiten zu können. Sie schneiden sich ab von ihren Wurzeln und leben im Kopf, der ihnen Höheres vortäuscht. Auf diese Weise schleicht sich das Ego durch die Hintertür herein, was viel schlimmer ist, weil es unbeachtet bleibt und damit keine bewußte Auseinandersetzung mit seiner tatsächlichen Bedeutung stattfinden kann. Da wir fast alle noch nicht in Harmonie sind − aus unserer Mitte >verrückt< −, verselbständigt sich das Ego und beherrscht uns mit seinen Krankheiten. So bleiben wir auf negative Weise im Physischen und Materiellen stecken und spüren sehr wohl, daß dieses Klammern an die Erde nur ein Ausdruck unserer Angst und unseres mangelnden Vertrauens ist.

Ein gesundes Ego bedeutet, gesunde Wurzeln zu haben. Ein gesundes Ego bläht sich nicht auf und hindert uns nicht, spirituell zu wachsen. Vielmehr versorgt es uns mit all dem, was für die Existenz des Menschen auf der Erde notwendig ist. Es ist die Basis für das Vertrauen in die Schöpfung, die erste Stufe auf dem Weg zur Erkenntnis des Göttlichen. Wer diese Stufe ignoriert, begeht den Fehler, sich über sein grobstoffliches körperliches Sein zu überheben.

Die Zerstörung des Egos ist eine Lüge. Zerstören heißt nur, eine äußere Gestalt zu verändern. Das Ego erhält nur ein anderes Gesicht. Die Transformation des Egos hingegen ist eine Wahrheit, die uns von den negativen Wirkungen eines kranken Egos befreit. Ein erlöstes Ego bedarf keiner Erlösung mehr. Es fließt im Kreislauf der Energien, als ein integriertes Bausteinchen in einer materiellen Schöpfung.

Die drei Entwicklungsphasen des 1. Quadranten

Das 1. Haus

Im 1. Haus findet die Geburt meines Egos statt. Hier geht es in erster Linie um die Selbsterfahrung, die ich mache, wenn ich mich selbst einbringe. Ich entwickle ein Ich-Gefühl, im Gegensatz zur Selbst-Erkenntnis, zu der ich auf der anderen, bewußten Seite des Ich-Punktes, im 12. Haus gelangen muß. Da das 1. Haus aber im unteren Horoskopraum liegt, erfahre ich mich hier nicht auf geistigem Weg, sondern durch die aktive Entfaltung meiner Persönlichkeit. Man könnte sagen, daß ich auf mir selbst aufbaue. Alles was ich tue, geschieht aus meinem eigenen inneren Antrieb heraus.

Im Lebensraum des 1. Hauses bin ich noch allein, was eigentlich bedeutet, ganz eins mit mir selbst, − wie ein

Kind, das zuallererst nichts anderes spürt, als seine eigene Lebendigkeit, und dem es um nichts anderes geht, als sich selbst zu erleben.

Ich selbst bin der Mittelpunkt der Welt, um den sich alles dreht, so daß sich mein Ego als fester Kern herauskristallisieren kann.

Planeten im 1. Haus wollen als dynamischer Ego-Anteil in der Welt durchgesetzt werden. Selbst wenn sie die Energie eines eher durchsetzungsschwachen Zeichens mitbringen, wie zum Beispiel Krebs und Fische, fordert das 1. Haus, daß sie als markantes Persönlichkeitsmerkmal nach außen hin in Erscheinung treten.

Das 2. Haus

Das 2. Haus stellt nun die Aufgabe, meine private Umwelt in Besitz zu nehmen und mich darin zu etablieren.

Planeten im 2. Haus veranlassen mich, mir materielle, geistige oder seelische Werte anzueignen, je nachdem, welches der vier Elemente in diesem Haus wirksam ist. In jedem Falle arbeite ich hier daraufhin, etwas Konkretes in der Hand zu haben, das ich schließlich verbindlich als ›mein eigen‹ bezeichnen kann. Die Planeten des 2. Hauses drücken aus: »Ich will mir etwas aneignen, um auf diesem Material bauen zu können.« Dahinter steckt die Botschaft, daß ich nur dann etwas geben kann, wenn ich selbst genug habe. Ich lerne also auch, mir selbst etwas wert zu sein, denn nur dann kann ich eigenverantwortlich leben. Damit definiere ich mein im 1. Haus in die Welt gebrachtes Ego als festen Bestandteil meiner Umgebung und stecke hier meine Grenzen ab. Auf welche Weise auch immer, im 2. Haus schaffe ich mir meinen Platz in der Welt.

Das 3. Haus

Im 3. Haus erhält mein nun etabliertes Ego die Möglichkeit, in Kommunikation mit der Umwelt zu treten. Hier drücke ich meine persönliche Eigenart, das bislang Erworbene des 2. Hauses aus, indem ich Kontakt mit anderen Menschen aufnehme und auf mich aufmerksam mache. Ich teile mich mit und tausche mich aus. Ich vermittle das, was ich bin, was ich kann, was ich mir angeeignet habe, um mich in der Reaktion meiner Umwelt spiegeln zu können. Ich will lernen und erfahren, um mich kennenzulernen, wie ein Kind, das durch das Erlernen der Sprache zum intellektuellen Kontakt mit der Welt und zur verbalen Kommunikation mit seinen Mitmenschen fähig wird. Das 3. Haus schließt an den Du-Raum an, was besagt, daß ich beginne, mich von mir aus dem anderen zuzuwenden.

Planeten im 3. Haus bringen mein Ego in offener und aufnahmebereiter Form zum Ausdruck. Dadurch kommt es zur Interaktion mit meiner Umwelt, — die Voraussetzung dafür ist, zwischen ›Ich‹ und ›Nicht-Ich‹ zu unterscheiden, — dem ersten Schritt auf dem Weg zum Du.

Das ›Du‹, das dem ›Ich‹ des 1. Quadranten gegenübersteht, kommt im 3. Quadranten zum Ausdruck. Der dazwischenliegende 2. Quadrant symbolisiert nun die Vorbereitung auf die bewußte Begegnung mit dem ›Du‹.

Der 2. Quadrant

Der 2. Quadrant beginnt am tiefsten Punkt im Horoskop, dem Immun Coeli (IC). Am IC verbindet sich der Ich-Raum mit dem Du-Raum und zwar durch das allen Menschen gemeinsame Kollektiv. Das Kollektiv bezeichnet die Gemeinschaft mit anderen Menschen, ohne die ich nicht überleben kann, solange ich mit der Ausbildung und dem Ausdruck des Egos beschäftigt bin. Dies zeigt ganz deutlich die Entwicklung des Kindes, das das Kollektiv seiner ›Familie‹ braucht, um lebensfähig, d. h. ein selbständiges Individuum zu werden. Erst wenn ich meine Individualität entwickelt habe, was im gegenüberliegenden 4. Quadranten geschieht, verlasse ich das Kollektiv.

Im 2. Quadranten geht es mir nun darum, mich emotionell (4. Haus), kreativ (5. Haus) und sozial (6. Haus) in die Umwelt einzubringen und mich für meine Mitmenschen zu engagieren. Durch die Entfaltung meiner Gefühlswelt bin ich hier auf dem Weg zum Du-Punkt und lerne, wirklich beziehungsfähig zu werden.

Die drei Entwicklungsphasen des 2. Quadranten

Das 4. Haus

Im 4. Haus empfinde ich eine starke seelische Bindung an mein Kollektiv, das ich in der Familie, der Gesellschaft oder einer anderen Kommune von Menschen finde, zu denen ich mich zugehörig fühle.

Im 1. Quadranten entwickelte sich das Gefühl zu mir selbst, zu meinem Ego. Durch den Austausch, der im 3. Haus stattfand, entstehen nun Gefühle zu anderen Menschen. Im 4. Haus werde ich zu einem fühlenden Wesen, da ich als isoliertes Ich verkümmern würde. Gerade deswegen bin ich davon abhängig, ob mir das Kollektiv Geborgenheit und Aufmerksamkeit ermöglicht oder verweigert.

Planeten im 4. Haus zeigen mir, wie ich mich in mein ›familiäres Umfeld‹ einbringen will und welche meiner

Persönlichkeitsanteile im kollektiven Bereich verwirklicht werden wollen.

Im 4. Haus entfaltet sich meine Gefühlswelt und die damit verbundene Abhängigkeit von der Liebe und Zuwendung anderer. Daher besteht hier ein direkter Zusammenhang mit meiner Kindheitssituation, wo ich zum ersten Mal mit Wärme, Nähe und Geborgenheit und meiner eigenen emotionellen Reaktion in Berührung komme. Somit gibt das 4. Haus darüber Aufschluß, wie meine emotionellen Wurzeln beschaffen sind, aus denen mein eigenes Liebespotential erwächst.

Das 5. Haus

Der Erfahrungsraum des 5. Hauses entwickelt sich aus dem im 4. Haus entstandenen Gefühlspotential. Das Fühlen ist geweckt. Nun bin ich bereit, es aktiv im Geben zum Ausdruck zu bringen.

In dieser Entwicklungsphase bin ich an dem Punkt angelangt, wo ich im Besitz meiner körperlichen, intellektuellen und emotionellen Veranlagung hin, die sich nun zum ersten Mal in Gestalt einer zentrierten Persönlichkeit zeigt. Aus dieser Zentriertheit heraus entsteht Kreativität.

Im 5. Haus spüre ich meine Schöpferkraft, mit der ich mein eigenes Werk vollbringen will. Planeten in diesem Haus haben daher einen sehr starken Einfluß auf meine selbständige Verwirklichung in der Außenwelt. Die Lebenserfahrung entspricht hier dem Gefühl, sich im Vollbesitz seiner Kräfte auf das Spiel des Lebens einzulassen und sich darin zu erproben. Dabei knüpfen sich meine Beziehungen zu den Menschen wie von selbst, als eine natürliche Folge meiner konzentrierten und nun auch nach außen abstrahlenden Energie.

Da dem 5. Haus die Sonnenkraft zugeordnet wird, könnte man, vom menschlichen Entwicklungsweg aus betrachtet, sagen, daß sich hier die Erfahrungen des 1. Hauses und der ihm zugeordneten Marskraft, die Erfahrungen des 2. Hauses und der Venuskraft, die Erfahrungen des 3. Hauses und der Merkurkraft und die Erfahrungen des 4. Hauses und der Mondkraft summieren. Damit erfüllt das 5. Haus die Voraussetzungen, um aus eigenem Antrieb heraus auf andere Menschen zugehen zu können. Das, was ich bin, will ich nun geben.

Das 6. Haus

Auch im 6. Haus trete ich in Kontakt mit der Welt. Im Anschluß an das 5. Haus, in dem ich mich ›abgenabelt‹ und verselbständigt habe, befinde ich mich nun mitten in der Realität meiner Umwelt. Allmählich komme ich aus dem Bereich der Ich-Findung und -Entfaltung heraus und nähere mich dem Du.

Im 5. Haus konnte ich mich im Vollbesitz meiner Kräfte in die Welt einbringen und auf sie einwirken. Jetzt muß ich, da ich mich auf sie eingelassen habe, erkennen, daß sich die Welt nicht nach mir richtet und das Leben nicht meiner persönlichen Eigengesetzlichkeit folgt. Ich lerne, die Gegebenheiten meiner Umwelt zu akzeptieren und mich einzufügen. Ich begreife, daß es nicht nur meine Wirklichkeit gibt, sondern daß jeder Mensch seine eigene Wirklichkeit lebt. Vieles muß also unter einen Hut gebracht werden, damit im Zusammenleben nicht Chaos, sondern Ordnung herrscht.

Das 6. Haus bringt mir die Erfahrung, daß nicht alles nur nach meinem Kopf gehen darf, wenn ich vom Egoisten zu einem wirklich beziehungsfähigen Individuum werden will. Daher fange ich an, mich sozial zu betätigen und verantwortungsvoll meine ›Pflicht‹ zu tun. Auf der Entwicklungsstufe des 6. Hauses muß ich mein Ego zum ersten Mal in Frage stellen, weil ich einsehe, daß es zwar notwendig ist, um mich aktiv in die Welt einbringen und mich in ihr behaupten zu können, daß es aber fallengelassen werden muß, wenn ich zu wahrer Liebe fähig werden will.

Um die erlöste Liebe des gegenüberliegenden 12. Hauses zu erreichen, muß ich im 6. Haus erst einmal demütig und bescheiden werden und lernen, nicht nur mir, sondern auch anderen zu dienen.

Der 3. Quadrant

An der Spitze des 7. Hauses, dem Deszendenten oder Du-Punkt, beginnt der bewußte Erfahrungsbereich des Horoskops, in dem man auf die Umwelterfahrungen bewußt reagiert, anstatt sie selbst herbeizuführen. Wir befinden uns immer noch im Du-Raum, was hier im 3. Quadranten das Resultat hat, daß ich mich bewußt mit dem anderen, dem Du, auseinandersetzen will. Im unteren Horoskopraum wurde das Ego ausgebildet und mit ihm nahmen wir den Kontakt mit der Welt auf. In den folgenden Häusern 7 – 12 findet die Höherentwicklung vom ›Ich‹ zum ›Selbst‹ statt. Am Du-Punkt spaltet sich die Welt von mir ab und wird zu meinem Spiegel. Nirgendwo erlebe ich die schmerzliche Getrenntheit meines Egos und die tiefe Sehnsucht nach dem Einssein stärker als in dem Wunsch, mich mit einem Partner in Liebe zu verbinden. Eine Beziehung ist die größte Chance, über die Selbsterkenntnis zu wahrer Liebe zu gelangen.

Im 3. Quadranten erkenne ich, daß ich noch nicht ganz bin. Ich suche mir gezielt und bewußt meine zweite Hälfte. Ich konfrontiere mich mit dem anderen und die Erfahrungen, die ich in Beziehungen mache, führen mich stufenweise an den Ort der Selbstbewußtheit, den Individuationspunkt, der Spitze des 10. Hauses, die schließlich den vierten und letzten Quadranten einleitet.

Die drei Entwicklungsphasen des 3. Quadranten

Das 7. Haus

Im 7. Haus gehe ich ganz bewußt eine Partnerbeziehung ein. Ich erfahre den anderen und erlebe mich durch ihn. In diesem Erfahrungsbereich begegnet mir all das, was ›Nicht-Ich‹ ist, das sich aber wie ein Puzzleteilchen in mich einfügen läßt und mit mir zusammen ein neues Ganzes bildet.

Planeten im 7. Haus verhelfen mir zu Erkenntnissen, die ich durch das ›Fremdbild‹ erlange, im Gegensatz zu den Erkenntnissen des 1. Hauses, wo das ›Selbstbild‹ ausschlaggebend ist.

Im 7. Haus besteht die Gefahr der Projektion und der Fixiertheit auf einen anderen Menschen hinsichtlich meiner eigenen Selbstverwirklichung. Es hat den Anschein, als ob sich Planeten im 7. Haus altruistisch verhalten, wobei man aber nicht übersehen darf, wie egoistisch die Bezogenheit auf andere Menschen sein kann, solange das unreife Ego nicht überwunden wird. Um diese Planetenkräfte zu entfalten, brauche ich immer andere Menschen, auf die ich die betreffenden Energien konzentrieren kann. Dabei kann es passieren, daß ich die anderen mit meinen

Erwartungen und auch mit meinem Engagement überfordere, und daß ich von dem ständigen ›Feedback‹ anderer abhängig bin.

Auf reifer Ebene aber ermöglicht mir das 7. Haus, mit einem Menschen eine echte Beziehung einzugehen, in der sich zwei Persönlichkeiten in Harmonie ergänzen und sich gegenseitig bereichern.

Das 8. Haus

Mit der Bewußtheit, daß ich ein Du brauche, komme ich nun in den Erfahrungsraum des 8. Hauses, das mir eine schwierige Lektion erteilen muß. Jetzt lerne ich, Verantwortung zu übernehmen, und das kann ich nur dann, wenn ich meine Gefühle und meine gefühlsmäßigen Bindungen auf ihre Echtheit hin überprüft habe. Alles Falsche und Geheuchelte wird sonst zu einer Last, die schließlich eine zerstörende Wirkung auf mich und meine Umwelt hat.

Im 8. Haus muß ich mich mit den Wertvorstellungen, moralischen und gesellschaftsbedingten Verpflichtungen und Forderungen und den verschiedensten ›Spielen‹ im zwischenmenschlichen Bereich auseinandersetzen.

Planeten im 8. Haus betätigen sich wie ein Lügendetektor auf der Suche nach der Wahrheit. Sie stellen mich vor die schwierige Aufgabe, mich mit den Maßstäben anderer zu konfrontieren, um herauszufinden, ob diese auch für mich gültig sind oder nicht. Ich muß akzeptieren lernen, daß ich selbst mit der Masse kollidiere, wenn ich mich mit meiner persönlichen Lebensweise nicht dort verwirkliche, wo ich tatsächlich hingehöre. Im 8. Haus erkenne ich, was für meine persönliche Entwicklung richtig und wichtig ist, und auf was ich verzichten muß, wenn ich nicht vom Weg abkommen und auf die schiefe Bahn geraten will. Dabei begegne ich manch einem ›Teufel‹, der mir, wenn ich ihn erst einmal erkannt habe, den Teufel in mir selbst entlarven und transformieren hilft. Dann wird er hier zur Erfahrung des Luzifers, der wahrhaft zum ›Bringer des Lichts‹ geworden ist. Daher bewegen sich die Erfahrungen, die ich im 8. Haus machen muß, oft im Schattenreich, an dessen Ausgang aber das Licht der Erkenntnis und die Wahrheit auf mich warten.

Das 9. Haus

Im 8. Haus mußte ich die tiefsten Wahrheiten des Lebens finden. Im 9. Haus geht es nun um die Erkenntnisse, die mich von einem egoistischen, kollektiven und altruistischen Menschen zu einem integrierten und nach allen Seiten hin offenen Individuum werden lassen. Das 9. Haus, das ja immer noch im Du-Bereich liegt, führt mich nun zu der Menschheit als Ganzes. Hier erfahre ich die Vielfalt der Dimensionen, aus der die Welt besteht. Der Erfahrungsbereich des 9. Hauses erstreckt sich über die ganze Welt und bezieht darüber hinaus den gesamten Kosmos mit ein.

Planeten im 9. Haus wirken wie ein riesiger Empfänger, der jede Schwingung aus dem Weltall empfängt und in eine höhere Erkenntnis umsetzt. Während ich im gegenüberliegenden 3. Haus begann, mich selbst nach außen hin zu öffnen, bin ich im 9. Haus für alles offen, was von außen auf mich zukommt. Was ich hier auszudrücken lerne, ist Verständnis und Verstehen, Weisheit und Weise-Sein, Menschlichkeit und Mensch-Sein. Nun bin ich bereit für die Sinnfrage. Der spirituelle Teil meiner Seelenreise wird offenbar.

Der 4. Quadrant

Im 4. Quadranten findet eine Grenzüberschreitung statt, die mit der Auflösung des abgetrennten Egos und seiner Neu-Integrierung sowie der Befreiung von dem von außen aufgeprägten Lebensrahmen verbunden ist. Nun kann das Ego im Selbst verschmelzen. Der Mensch wird wieder eins mit seiner wahren Natur und dem Kosmos.

Der 4. Quadrant befindet sich nun wieder im Ich-Raum des Horoskops in seiner bewußtseinsorientierten Hälfte, was zeigt, daß ich im Laufe meiner Entwicklung einen so hohen Grad an Bewußtheit erreichen kann, daß mir nun wahre Selbsterkenntnis zuteil wird. Während ich im gegenüberliegenden 2. Quadranten den Kontakt mit der Umwelt aufnahm und meine Gefühle darin entfaltete, komme ich nun in Kontakt mit meinem inneren Selbst und mit den kosmischen Kräften des feinstofflichen Raums.

Planeten im 4. Quadranten verschaffen mir in diesem Leben die Möglichkeit höchster Reife und spiritueller Bewußtheit. Daß ich mich in diesem Bereich von der Masse abhebe und mich aus der kollektiven Gemeinschaft zurückziehe, muß nichts mit abgehobenem Einzelgängertum zu tun haben.

Vielmehr ist es eine Frage meines seelisch-geistigen Niveaus, zu erkennen, daß ich, wenn ich mein Selbst finden will, die Herde verlassen und mir allein meinen Weg suchen muß. Was ich dabei finde, bringe ich voll Bewußtheit und Liebe wieder in die Welt ein.

Nicht selten werde ich dann zum ›Leittier‹ der Herde, was in der Polarität des Kollektiv-Punktes (Immun Coeli) und des Individual-Punktes (Medium Coeli) zum Ausdruck kommt.

Die drei Entwicklungsphasen des 4. Quadranten

Das 10. Haus

Im 9. Haus gelangte ich zu einer tiefen Einsicht in die Zusammenhänge des Lebens, aus der sich nun mein Lebenssinn in Form einer Lebensaufgabe herauskristallisiert. Im 10. Haus wird mir meine Individualität bewußt, nicht in der Weise, wie es in der AC-DC-Thematik von Ich und Nicht-Ich deutlich wurde, sondern durch die Einsicht, daß das Kollektiv (IC) aus lauter Individuen (MC) besteht. Daraus leitet sich das Verständnis der Bedeutung jedes einzelnen Menschen in der gesamten Schöpfung ab, wodurch mir meine persönliche Verantwortung und meine Aufgabe darin bewußt wird. Es geht mir also nicht mehr in erster Linie um mich (AC), auch nicht mehr um das Du als solches (DC), oder um das Leben im Kollektiv (IC), sondern vielmehr darum, von einer höheren Warte aus auf alle drei Bereiche einzuwirken.

Im 10. Haus strebe ich nach einer Aufgabe, zu der ich mich berufen fühle, um dem Ich, dem Du und dem Wir in gleicher Weise zu dienen. Planeten im 10. Haus fordern Reife und Bewußtheit und ein gesundes Maß an Selbstkritik und Disziplin, denn hier handle ich nach meinem eigenen besten Wissen und Gewissen, wobei ich eben sicher sein muß, daß dies auch wirklich das Beste ist.

Beim Eintritt in den 4. Quadranten habe ich, aufbauend auf dem Ego-Fundament des 1. Quadranten, den gesamten Du-Raum erfahren. Bislang war die Umwelt ein Spiegel. Um aber mein wahres Selbst zu finden, muß ich mir von Angesicht zu Angesicht gegenübertreten. Nun werde ich selbst zu meinem Spiegel. Alles liegt in mir — die Innenschau beginnt.

Will ich mir hier aber einen Thron anmaßen, der zu hoch für mich ist, dann wird mein Selbstbewußtsein zur angemaßten Autorität, in der ich aus eigenem Verschulden gefangen bin wie in einer Falle.

Auf reifer Ebene aber führen Planeten im 10. Haus dazu, daß ich das Potential individuell verwirklichen kann, das mir in diesem Leben dazu dient, eine höhere Aufgabe zu erfüllen.

Das 11. Haus

Im 10. Haus wurde mir bewußt, daß ich mich vom Kollektiv abheben muß, wenn ich das ›Meine‹ tun will. Im 11. Haus suche ich nun einen Kreis Gleichgesinnter, meine geistigen Brüder und Schwestern, mit denen ich ein neues Weltbild schaffen kann.

Die Welt verändern zu wollen bedeutet, daß sich die Menschen ändern müssen. Wenn der Weg der Menschheit positiv verlaufen soll, dann muß das Negative im Menschen transformiert werden. Dafür aber muß ich mich von allem Ballast befreien, um unabhängig und ungebunden in die neue Welt eintreten zu können. Der ›alte Weltgeist‹ darf mich nicht fesseln, wenn ich zum Bahnbrecher für einen neuen werden will.

Im 10. Haus folgte ich meiner Berufung. Im 11. Haus wird dies zur Lebensalternative, zur Vision einer Zukunft, die außer mir nur die sehen können, die sich auf gleicher Stufe befinden.

Alles Behindernde wird fallengelassen. Ich befreie mich von den letzten Überresten meines Egos und seiner begrenzten Sicht und seiner festgefahrenen Verhaltensweise. Auf zu neuen Ufern ist der Wahlspruch, dem ich hier folge, denn ich weiß, daß ich dort zu Hause bin.

Und nun wird meine Vision Wirklichkeit. Die Nebel des Egos lösen sich auf und im Spiegel erscheinen die Konturen meines wahren Gesichts. Der Spiegel ist nicht länger Spiegel. Ich selbst bin zum Spiegel geworden und der Spiegel zu mir. Die Grenzen verschwimmen, alles wird wieder eins. Ich lebe nicht nur in einer einzigen Wirklichkeit, sondern in allen, und doch sind alle nur ein einziges Ganzes.

Im 12. Haus erlebe ich das Einssein mit dem Kosmos und die Energie, die daraus fließt, ist göttliche Liebe, die nun durch mich in die Welt einfließen kann, um als heilende Kraft zu wirken. Ich trage dazu bei, die Suchenden auf ihren Weg nach Hause zu bringen.

Planeten im 12. Haus wollen als göttlicher Auftrag verstanden werden, die durch sie wirkende All-Liebe an die Menschen zu verschenken. Durch diese Planeten kann ich mein Selbst erkennen und zu diesem Selbst werden, wodurch jeder egoistische Anteil in mir überflüssig wird. Denn wer mit der kosmischen Energie eins geworden ist, kann geben, ohne etwas ›Diesseitiges‹ dafür zurückbekommen zu müssen.

Die größte Schwierigkeit des 12. Hauses liegt darin, daß ich es erst dann im positiven Sinne leben kann, wenn ich mein Ego transzendiert habe. Planeten im 12. Haus werden daher als ständige Ego-Bedrohung spürbar, die dann gefährlich wird, wenn ich mir über die seelischen Hintergründe des Prozesses nicht bewußt bin. Erst wenn ich zu meinem Ego geworden bin, kann ich es höherentwickeln, bis es ganz von alleine im Selbst verschmilzt wie ein Samenkorn, das genährt sein will, damit aus ihm eine Blume erwachsen kann. Planeten im 12. Haus wollen sich oft schon als ›Blüte‹ verwirklichen, ohne sich ihrer Wurzeln bewußt zu sein. Daher verliert man hier oft den Bezug zur irdischen Realität und flüchtet sich in eine Scheinwelt, um sich den Zustand des Einsseins vorzutäuschen. Im 12. Haus kann ich zum Opfer eines Teufels werden, dem ich meine Seele verkaufe, weil meine Liebe noch unerlöst ist. Dann findet die Auflösung des Egos auf destruktive Weise statt und nicht in Form einer bewußten Transformation. Erst wenn ich selbst göttlich geworden bin, wird Gott zur Realität. Dann gibt es kein Sich-Opfern mehr, sondern nur noch Hingabe, keine schillernde Berauschtheit, sondern kosmische Ekstase, keine Bedürfnis-Liebe, sondern Seins-Liebe, die gibt und bekommt, ohne sich zu erschöpfen oder fordern zu müssen, weil alles im Überfluß vorhanden ist.

Das 12. Haus schließt wieder an das 1. Haus an. Der Kreis hat sich geschlossen und ein neuer Zyklus beginnt, eine neue Geburt auf einer neuen Ebene.

Spannung
und
Entspannung

Das Aspektbild

Im Horoskop stehen die einzelnen Planetenkräfte in unterschiedlichen Winkelbeziehungen zueinander. Diese Winkelbeziehungen nennt man Aspekte, ihre Gesamtheit das Aspektbild.

Die üblicherweise verwendeten Aspekte sind:

1. Die Konjunktion: Planeten im Abstand von   0 Grad
2. Das Halbsextil: Planeten im Abstand von   30 Grad (grün)
3. Das Sextil: Planeten im Abstand von   60 Grad (blau)
4. Das Quadrat: Planeten im Abstand von   90 Grad (rot)
5. Das Trigon: Planeten im Abstand von 120 Grad (blau)
6. Die Quincunx: Planeten im Abstand von 150 Grad (grün)
7. Die Opposition: Planeten im Abstand von 180 Grad (rot)

Die Planeten stehen selten in einem gradgenauen Winkel zueinander. Daher ist bei allen Aspekten eine Toleranzgrenze von ± 7 Grad erlaubt, der sogenannte Orbis. Bei sehr markanten Aspekten von Sonne und Mond verwende ich sogar einen Orbis von ± 10 Grad, bei sehr subtilen kleinen Aspekten, beispielsweise einem Pluto-Neptun-Sextil, jedoch nie mehr als ± 4 Grad.

Die Aspekte resultieren aus der Unterteilung des Urtierkreises in 12 mal 30 Grad. Sie zeigen die wechselseitige Wirkung der einzelnen Tierkreiszeichen-Energie aufeinander und damit die Art des Energieflusses.

Außer der Konjunktion, die eine Häufung von zwei oder mehreren Planeten am selben Ort darstellt, zeichne ich die Aspekte rot (Quadrat und Opposition), blau (Sextil und Trigon) und grün (Halbsextil und Quincunx).

Betrachten wir nun die Bedeutung der einzelnen Aspekte!

Die Konjunktion

Von einer Konjunktion spricht man dann, wenn zwei oder mehrere Planeten in einem Abstand von 0 – 7 Grad voneinander stehen.

Durch diesen engen Kontakt durchdringen sich die Intentionen der einzelnen Kräfte. Mehrere Energien wirken mit der gleichen Motivation im gleichen Erfahrungsraum. Je nachdem welche Planeten hier am selben Ort zusammentreffen, wirken sie verstärkend, unterstützend und erweiternd aufeinander ein, oder sie schwächen sich gegenseitig in ihrem Ausdruck und beeinträchtigen sich in ihrer Entfaltung. Auf jeden Fall bringt die Konjunktion einen sehr markanten Wesenszug hervor. Hier müssen zwei zusammenarbeiten, am gleichen Strang ziehen, in einer gemeinsamen Sache zusammenhelfen. Auch wenn der eine den anderen als störend empfindet, hat es keinen Sinn, gegeneinander zu kämpfen. Vielmehr muß ich erkennen, daß ich mir diese Konstellation gesucht habe, um darin etwas ganz Bestimmtes zu erfahren und zu lernen. Selbst wenn sich mein Saturn direkt neben meinen Mars placiert hat, was für mich zunächst sehr schwierig ist, geschah dies mit gutem Grund. Vielleicht finde ich die Ursache dafür in einem früheren Leben. Je tiefer ich in die Problematik einer ›schwierigen‹ Konstellation eindringe, um so bewußter wird mir, warum ich mir in diesem Leben eine solche Aufgabe gestellt habe. Bei einer Mars-Saturn-Konjunktion muß ich mir über beide Prinzipien sehr klar werden, weil ich mich mit ihnen gezwungenermaßen auseinandersetzen muß.

Eine Konjunktion wird sich immer bemerkbar machen, ob ich das nun wahrhaben will oder nicht. Gerade bei den ›schwierigen‹ Konjunktionen, beispielsweise mit Mars, Saturn oder Pluto findet man auch die passenden Kindheitserlebnisse, den passenden Vater, die passende Mutter und später den passenden Partner. Dies bezieht sich auch auf die roten Aspekte, da in beiden Fällen starke Emotionalität hervorgerufen wird. Die Wirkung dieser Aspekte trifft mitten ins Herz. Sie betrifft mich ganz konkret und läßt sich nicht vermeiden. Dann schließlich will ich hier etwas ganz besonders Wichtiges erledigen und etwas lernen, das für meine Weiterentwicklung von großer Bedeutung ist.

Opposition und Quadrat

Die roten Aspekte

Das Zusammentreffen von Planeten, die 90 Grad und 180 Grad voneinander entfernt sind, verursacht eine Spannung, einen Konflikt, der zur Auseinandersetzung zwingt. Diese (rot gezeichneten) Aspekte wirken überaus dynamisch und werden in jedem Fall spürbar.

Im Abstand von 180 Grad (Opposition) stehen sich immer Feuer- und Luftzeichen sowie Erd- und Wasserzeichen gegenüber. Die Opposition gilt als der stärkste Aspekt im Horoskop, was aber nicht heißt, daß die Spannung, die in diesem Aspekt liegt, stärker ist als die eines Quadrates. Vielmehr ist das Interessante an der Opposition, daß sich hier zwei verträgliche Elemente (Feuer und Luft, Erde und Wasser) von Angesicht zu Angesicht gegenüberstehen. In dieser Verbindung liegt die Möglichkeit, sich genau in der Mitte zu treffen. Dadurch können zwei scheinbare Gegensätze verschmelzen. Mit einem Oppositions-Aspekt lerne ich also, die Polarität zu überwinden.

Die Erfahrung der Opposition ist immer mit starkem Leiden, Angst vor dem Ausgelöschtwerden, Gefühlen der Ausweglosigkeit und einer geradezu plastischen Gespaltenheit verbunden. Die beteiligten Planeten spalten mich in zwei gänzlich konträre Hälften. Diese Spaltung ist so schmerzhaft und unerträglich, daß ich ständig Situationen herbeiführe, in denen ich den Konflikt austragen und damit die Spannung umsetzen kann. So wiederhole ich den Punkt des Gespaltenseins, bis ich ihn nicht mehr aushalten kann. An diesem Punkt beginnt die Transformation und der Oppositions-Aspekt hat seinen Sinn erfüllt: die Polarität löst sich im Annehmen der Gegensätze auf. Ich erkenne, daß die scheinbar völlig unvereinbaren Kräfte in mir nur die zwei Seiten ein und derselben Münze sind. Es wird offenbar, daß die Kreativität, die aus dem Zusammenspiel dieser gegensätzlichen Kräfte entsteht, gerade und nur durch deren Polarität möglich wird. In der Erkenntnis, daß ich das eine Potential gerade dadurch entfalten kann, daß ein Gegenstück vorhanden ist, liegt die Befreiung der Energie. Die Opposition ist erlöst und die Planeten können sich ungehindert entfalten — jeder für sich nach seiner Fasson und alle gemeinsam in einem neuen Ganzen.

Der 90-Grad-Aspekt (das Quadrat) entsteht zwischen Feuer- und Wasserzeichen, Wasser- und Luftzeichen, Luft- und Erdzeichen und Erd- und Feuerzeichen.

Allein aus der Verbindung der hier zusammentreffenden Elemente wird offensichtlich, daß das Quadrat eine Unverträglichkeit der Energien beinhaltet. Planeten, die in diesem Winkel zueinander stehen, streiten miteinander. Sie scheinen von der Energie her unvereinbar und empfinden sich als gegenseitige Bedrohung.

Im Quadrat-Aspekt verbirgt sich Verletztheit und Frustration und damit eine Menge Wut und Aggression.

Die Opposition löst eine große Verzweiflung aus, weil der gegenüberliegende Wesensanteil unerreichbar scheint, die beteiligten Planeten aber eine ungeheure Anziehung aufeinander ausüben. Denn schließlich strebt Feuer nach Vereinigung mit Luft und Wasser nach dem Verschmelzen mit der Erde.

Beim Quadrat verhält es sich anders, da sich die Elemente in dieser Kombination gar nicht verbinden wollen. Ganz im Gegenteil wirken sie sogar eher abstoßend aufeinander. Aber auch diese Erfahrung ist fruchtbar, denn sie führt zu einer ganz anderen, aber ebenso wichtigen Einsicht. Hier muß ich aufhören zu kämpfen.

Wo Disharmonie ist, läßt sich Harmonie nicht erzwingen. Ein phantasieloser Wolkenkratzer paßt nun einmal nicht in ein malerisches Bergdorf. Der stürmische Widder wird von einem beharrlichen Steinbock gebremst und ein ängstlicher Krebs fühlt sich von einem feurigen Widder überrannt. Beim Quadrat brauche ich nur ein wenig Phantasie, um mir ausmalen zu können, was passiert, wenn beispielsweise die Widder-Energie mit der Steinbock-Energie zusammentrifft, oder eben die Krebs-Energie mit der Energie des Widders. Die Verschiedenartigkeit ist so groß, daß kein gemeinsames Drittes daraus entstehen kann, wie dies bei der Opposition der Fall ist. Das Dritte, was hierbei entsteht, ist vielmehr die Erkenntnis der Verschiedenartigkeit der Kräfte. Die Schöpfung zeigt sich in ihrer Vielfalt. Aber dennoch bringt sie alles unter einen Hut. Alles kann friedlich nebeneinander existieren.

Die Transformation eines Quadrats liegt in der Erkenntnis, daß alles die gleiche Existenzberechtigung hat. Das, was mir völlig fremd erscheint, anscheinend sogar gegen mich arbeitet und mich behindert, ist eben nur völlig verschieden von mir. Auf die beteiligten Planetenkräfte bezogen heißt das, daß ich Energien in mir habe, die so völlig verschiedene Intentionen haben, daß sie sich in die Quere kommen. Dabei lerne ich, die Verstrickung dieser Planeten aufzulösen, indem ich jeden in seinen Kompetenzbereich verweise. Hier befreit nicht das Einswerden mit dem anderen, sondern das Einsamwerden mit sich selbst.

Die roten Aspekte bringen gleichzeitig die Erfahrung des Einsseins und Alleinseins.

Trigon und Sextil

Die blauen Aspekte

Die blauen Aspekte werden von harmonischen Elementen gebildet. Im Abstand von 120 Grad, dem Trigon, stehen immer Zeichen des gleichen Elements. Der 60-Grad-Aspekt, das Sextil, ergibt sich aus dem harmonischen Zusammenspiel von Feuer und Luft, Erde und Wasser.

In der Deutung der klassischen Astrologie werden die blauen Aspekte durchwegs positiv, harmonisch und kreativ beurteilt. Allein aus der Kombination gleicher bzw. verträglicher Energien läßt sich natürlich auf einen harmonischen und kreativen Energiefluß schließen. Auf jeden Fall kann sich in den blauen Aspekten keine Spannung aufbauen wie bei den roten Aspekten. Meiner Beobachtung nach ist es jedoch ein wenig zu ›blauäugig‹, vor allem das Trigon sofort ausschließlich positiv zu deuten. Die Erfahrung zeigt, daß im Trigon die Gefahr der Stagnation liegen kann, was aus der stillschweigenden Übereinkunft und dem widerspruchslosen Zusammenwirken der beteiligten Planeten resultiert. Gerade wenn Saturn mit im Spiel ist, der mit unreflektiert und widerstandslos übernommenen Werten gefüllt sein kann, ist es oft der Fall, daß man hier auf ein Verhalten konditioniert ist, das dem wahren Selbst schadet.

Hier stoßen wir auf die Feinheiten der Horoskopdeutung, die sich schwer in Worte fassen lassen. Bei der Wirkung eines Trigons sollte man ganz besonders aufmerksam sein und sich nicht täuschen lassen, weil nach außen hin vielleicht kein Konflikt zu erkennen ist. Möglicherweise trifft man hier auf einen Pakt fest aufeinander eingeschworener Energien, die zusammenhalten und eine Blokkade errichten, sobald ein Störenfried auftaucht. Es kann sogar passieren, daß man auf stärkere Widerstände trifft als bei den beiden roten Aspekten, da im Trigon die Gefahr liegt, an Übernommenem festzuhalten, weil es bequemer und einfacher ist. Bei den roten Aspekten ist das Leiden so intensiv, daß man etwas tun muß. Die blauen Aspekte geben viel eher Gelegenheit, zu verdrängen oder zu vermeiden.

Wenn ich das Trigon nicht mehr benutze, um mit den beteiligten Planetenkräften zu kompensieren oder mir eine Scheinsicherheit zu erhalten, dann wirkt das Zusammenspiel von Energien des gleichen Elements wie eine Verdoppelung oder Verstärkung. Dasselbe gilt für das Sextil. Dann entsteht in Teamarbeit eine Schöpfung, die das vorhandene Potential mühelos zum Ausdruck bringt. Das

Dritte, was aus einem blauen Aspekt erwächst, ist die Manifestierung, das Sichtbarwerden und Gestaltannehmen von Talenten, die bereits da sind und als das, was sie sind, gelebt werden wollen.

Quincunx und Halbsextil

Die grünen Aspekte

Grüne Aspekte entstehen zwischen Energien, die sich zwar fremd sind, aber trotzdem, oder gerade deshalb, großes Interesse aneinander haben. Der 30-Grad-Aspekt (das Halbsextil) und der 150-Grad-Aspekt (die Quincunx) bieten die Möglichkeit, sich bewußt mit eigentlich widersprüchlichen Kräften zu befassen und sich das Andersartige ohne Emotionen aus der Nähe zu betrachten. Ein grüner Aspekt macht mich offen für das Unbekannte, tolerant gegenüber dem Fremdartigen und aufgeschlossen für Annäherungen und gegenseitiges Verständnis. Hier zeigt sich ganz deutlich, daß uns drei Ebenen der Erfahrung gegeben sind, um in diesem irdischen Leben wieder die wahre Verbundenheit mit dem Kosmos zu finden. Grüne Aspekte bestehen zwischen Elementen, die auch Quadrate miteinander bilden: Feuer mit Erde und Wasser, Erde mit Feuer und Luft, Luft mit Erde und Wasser und Wasser mit Luft und Feuer.

Die Aspekte zeigen, daß wir am Getrenntsein (rot), am Gebundensein (blau) und am Anderssein (grün) lernen können.

Ich lerne aus Gegensätzen ein neues Ganzes zu schaffen, indem ich das Gemeinsame oder das Unvereinbare darin erkenne. Beides bewirkt eine neue Schöpfung. Ich entdecke den Reichtum und den Kraftzuwachs, der aus dem harmonischen Zusammenfluß gleichgesinnter Energien entsteht. Und ich lerne, daß sich jede wahre Transformation nur durch Erkenntnis und Bewußtwerden vollziehen kann.

Die Interaktion der roten Aspekte besitzt kardinalen Charakter, die der blauen Aspekte entspricht der fixen Qualität, die der grünen Aspekte der veränderlichen.

Spannung und Entspannung

Jeder Aspekt erzeugt Spannung, ein blauer ebenso wie ein roter oder grüner oder die Konjunktion. In jeder Planeten-Interaktion fließt Energie von einem zum anderen, egal, ob diese nun noch negativ geladen oder bereits positiv und erlöst ist. Schwierige Konjunktionen und rote Aspekte verursachen großes Leiden, blaue Aspekte wollen ihr Potential manifestieren und grüne Aspekte lassen uns suchen. Alle Aspekte aber streben nach Entspannung und wollen erlöst werden. Sie symbolisieren das tief innere Bedürfnis des Menschen, wieder ganz zu werden, inneren Frieden zu finden und mit sich und der Schöpfung in Einklang zu leben. In jedem Aspekt liegt der Anstoß, sich mit einer ganz bestimmten Problematik oder Thematik auseinanderzusetzen und bewußt zu werden.

Jede innere oder äußere Situation, die durch einen Aspekt herbeigeführt wird, ist wie ein ständiger Ruf an uns, sich die darin verborgene Lebenserfahrung anzuschauen, solange bis wir begriffen haben. Dann haben wir den negativ belasteten Teil dieser Thematik überwunden. Wir haben die Botschaft empfangen und in uns aufgenommen. Nun können wir das neu dazu Gewonnene kreativ einsetzen. Wir können etwas leben und verwirklichen, das es vorher noch nicht gab.

Vielleicht hat mich das Kräftespiel von Mars und Pluto, das mich in Todesangst versetzte und voller Destruktivität war, gelehrt, mit Gewalt, Haß und Tod umzugehen und die Energien zu transformieren. Plötzlich steht mir ein ungeheures Potential zur Verfügung, das meine Energie steigert und mich reifer und bewußter, selbstverantwortlicher, freier und authentischer macht. Nun wirkt der Aspekt nur noch als Motor. Die Kräfte regen sich gegenseitig an. Ich erfahre die Kreativität, die in der Entspannung liegt, − im Zusammenspiel lebendig gewordener Energien.

Ein Blick
hinter
die Kulissen

Die Mondknoten

Wenn ich die karmischen Hintergründe meines Seelenweges kenne, wird mir der Sinn meines jetzigen Daseins mit all seinen Gegebenheiten viel klarer. Ich begreife mein Horoskop als eine logische und notwendige Folge meiner Vergangenheit.

Ich habe mir diese Inkarnation mit diesem Körper, diesen Eltern, diesen Partnern und genau diesen Stärken und Schwächen gesucht, um ganz bestimmte Erfahrungen zu machen, die meine seelische Entwicklung vorantreiben. Dabei knüpfe ich nahtlos an die früheren Leben und die darin gewonnenen Eindrücke an. Vieles, was bereits damals geschah, muß ich jetzt noch einmal wiederholen, um es zu verarbeiten. Vieles muß mir jetzt bewußt werden, was damals noch unklar war. Vieles will jetzt gelebt werden, was ich damals nicht entfalten konnte. Mein ganzes Horoskop baut auf diesem ›unvollendeten‹ Potential auf. Es ist die Fortsetzung meines bisherigen Seelenweges.

In der Astrologie gibt es zwei Symbole, mit deren Hilfe wir einen Blick hinter die Kulissen unseres jetzigen Lebens tun können: die Mondknoten. In den Ephemeriden findet man die Position des ›aufsteigenden Mondknotens‹ (☊). Der ›absteigende Mondknoten‹ (☋) wird im gegenüberliegenden Tierkreiszeichen in gradgenauer Opposition eingezeichnet.

Über die Bedeutung der beiden Mondknoten gab es bislang noch nicht viel Wahrhaftes, dafür aber um so mehr Nebulöses zu lesen. Das ist nicht weiter verwunderlich, wenn man bedenkt, daß das Wissen um die Reinkarnation der Seele und ihr damit verbundenes Karma in der westlichen Welt kaum beachtet wird. Wir besitzen zwar die Vorstellungskraft, daß die Seele unsterblich ist, verdrängen aber jeden Gedanken an eine tatsächliche Wiedergeburt in neuer Gestalt.

Die Spaltung in Diesseits und Jenseits hat uns blind gemacht für die fließenden Wandlungen des Lebens.

Daher sind die meisten Interpretationen der Mondknoten von der gewohnten Schwarz-Weiß-Denkweise gefärbt. Der absteigende Mondknoten spiegelt dabei das Schicksal, mit dem wir uns in der Vergangenheit beladen haben, und das nun überwunden werden muß. In den aufsteigenden Mondknoten werden alle Erlösungs- und Befreiungswünsche hineinprojiziert. Er beinhaltet die Erfolgsaussicht auf eine glänzende Zukunft. Diese Deutung ist unzureichend und geht an dem wahren Inhalt der Mondknotensymbolik vorbei.

Da sich die beiden Mondknoten in jeweils einem Tierkreiszeichen befinden, ist es schwierig zu sagen, daß sich mein vergangenes bzw. zukünftiges Karma in der Thematik eines einzigen Tierkreiszeichens komprimiert. Bei einem absteigenden Mondknoten im Widder wird sich meine gesamte Vergangenheit wohl kaum ausschließlich um das Thema Widder gedreht haben. Sicherlich finde ich auch mein Lebensglück nicht darin, nun das ›Widder-Karma‹ fallenzulassen und mich nur um die Ausbildung der Waage-Thematik des aufsteigenden Mondknotens zu kümmern.

Vielmehr scheinen die Mondknoten zu besagen, daß ich mich in diesem Leben mit einer ganz bestimmten Kernproblematik auseinandersetzen muß, um die Entwicklungsstufe dieser Inkarnation machen zu können. Interessanterweise fügen sich die Mondknoten auffallend logisch in das Horoskop ein. Die Planetenpositionen und ihre Aspekte stehen in einem direkten Zusammenhang mit der Zeichen-Thematik der Mondknoten. Um das Anlagepotential meines Horoskops verwirklichen zu können, muß ich mich mit genau der Problematik befassen, die durch die Mondknotenstellung ausgedrückt wird. Hier verbirgt sich noch etwas Ungelöstes, das mich blockiert und an meiner Entfaltung und kreativen Weiterentwicklung hindert. Dabei geht es um das Kernthema der beiden in Opposition stehenden Zeichen, in denen sich die Mondknoten befinden.

Der *absteigende Mondknoten* zeigt mir dabei, mit welchem Pol dieser Opposition, mit welcher Seite der Medaille ich mich bisher beschäftigt habe. Der Inhalt des Tierkreiszeichens, in dem der absteigende Mondknoten steht, war für meine bisherige Betrachtungsweise bestimmend. Nach dieser Vorstellung versuchte ich mein Leben einzurichten. Daher habe ich hier schon konkrete Erfahrungen gemacht. Auch die damit verbundenen Schwierigkeiten und Probleme, alles, was noch offen ist, bringe ich wieder mit, um jetzt die Lücken zu schließen.

Wenn ich in diesem Leben beispielsweise mit einem absteigenden Mondknoten im Widder geboren wurde, besagt dies, daß ich in der Polarität Widder-Waage bislang mit der Widder-Seite beschäftigt war. Ich bringe also eine Ego-Problematik mit. Daher bin ich auch jetzt erst einmal wieder mit meinem Ego konfrontiert. Wie ich schon erwähnt habe, finden sich auch die passenden Konstellationen im Horoskop, die wieder Ego-Probleme schaffen, damit ich die Chance zur Aufarbeitung des ungelösten Themas habe.

Bei einem absteigenden Mondknoten im Widder ist das Ego noch nicht in Balance. Der Betroffene leidet in irgendeiner Form unter seinem Ego und ist ständig mit sich beschäftigt. Weil das Ego noch nicht auf natürliche Weise integriert werden konnte, bläht es sich jetzt in übertriebenem Maße auf und drängt sich in den Vorgrund. Der Inhalt des Zeichens Widder wird hier zum vorherrschenden Thema. Um den Konflikt zu lösen, muß ich die Widder-Thematik und ihren Stellenwert im Zusammenhang mit dem Gegenpol Waage begreifen. Ich muß ein Gefühl dafür entwickeln, warum ich ein intaktes Ego brauche, um mich geben und mein Potential entfalten zu können. Dann bleibt das Ego nicht länger die Last meines Lebens, in der sich meine Lebens- und meine Todesangst versteckt, gegen die ich ständig kämpfe. Wenn diese Wunde geheilt ist, ist der betroffene Teil nicht mehr der alleinige Herrscher über mich und mein Leben. Erst dann kann sich die Kraft, die ich vorher nur für den einen Teil gebraucht habe, auch auf das Gegenteil konzentrieren.

Nun wird verständlich, warum die beiden Mondknoten in Opposition stehen. Ich habe auf der einen Seite begonnen, jetzt geht es um die Kehrseite der Medaille. Und dafür muß ich den absteigenden Mondknoten wieder loslassen. ›Loslassen‹ heißt hierbei nicht, daß ich nun alles wieder verliere, was ich mir angeeignet habe, oder wieder alles verwerfen müßte, was hier Gültigkeit hat. Wenn ich das Thema des absteigenden Mondknotens wirklich erfahren und erlebt habe, wird er zu einer Wahrheit, die mir nie mehr genommen wird. Dann nehme ich ihn einfach mit, ohne an dem Vertrauten festzuhalten und im Gewohnten zu stagnieren.

Der Sinn oder die Wahrheit des einen Teils ergibt sich nur durch das Vorhandensein des anderen. Wieder steckt in der Wechselbeziehung der beiden Zeichen das eigentliche Thema, der rote Faden in einer Opposition. Auf den absteigenden Mondknoten im Widder bezogen heißt das, daß ich das, was ich mir im Widder angeeignet habe, nun zur Waage fließen lassen muß, — hinein in die Welt, damit ein lebendiger Austausch entsteht. Erinnern wir uns an das Prinzip dieser beiden Tierkreiszeichen: was nützt mein Ego, wenn ich es bei keinem Du entfalten kann? Ohne das Waage-Prinzip wäre die Widder-Thematik völlig sinnlos. Umgekehrt wäre das Waage-Prinzip überflüssig, wenn es kein Widder-Prinzip gäbe.

Der *aufsteigende Mondknoten* zeigt mir daher, was ich bislang vermieden habe, weil es im scheinbaren Widerspruch zu dem stand, was ich in bezug auf den absteigenden Mondknoten erreichen wollte. Ich habe Angst, mich auf die Thematik des Zeichens einzulassen, in dem sich der aufsteigende Mondknoten befindet. Denn solange ich mir meines absteigenden Mondknotens nicht sicher bin, liegt ja gerade in seinem Gegenüber die Bedrohung, das, was ihn auszuschließen scheint. Trotzdem spüre ich, daß ich von diesem Gegenteil fasziniert bin. Ob mir das nun bewußt ist oder nicht, es drängt mich geradezu, die andere Seite zu erfahren. Je fester sich das Wissen um meinen absteigenden Mondknoten in mir verankert, um so mehr wage ich mich ins Unbekannte. Ich erkenne, daß ich mir auch die zweite Hälfte aneignen muß, um die ganze Wahrheit zu finden. Wenn ich beginne, mich aktiv mit der Thematik des aufsteigenden Mondknotens zu befassen, entsteht in mir ein starkes Gefühl des Wachstums. Tief in meinem Innern spüre ich, daß ich hier richtig bin. Ich fühle Bewegung, Entwicklung, das Abenteuer des Neuen, das vor mir liegt, – das, was wir mit Zukunft meinen.

Die Hausposition der Mondknotens gibt Aufschluß über den Lebensraum, in dem die Thematik in der Außenwelt manifestiert wird. Sie zeigt, in welchem äußeren Bereich die mit den Mondknoten verbundenen Probleme auftreten und in welchem Rahmen ich meine Lösungen finden kann. In den beiden betroffenen Häusern agiere ich die jeweilige Mondknoten-Thematik aus und kann meine Erfahrungen wiederum an die Welt weitergeben.

In manchen Horoskopen finden wir Planeten-Konjunktionen mit einem Mondknoten. Dies weist auf ein ganz besonders wichtiges Thema hin. Ein Teil von mir ist mit seiner Energie in die Mondknoten-Thematik eingebunden.

Planeten beim absteigenden Mondknoten geben darüber Auskunft, welches Planeten-Prinzip in mir mit der ungelösten Problematik aus vergangenem Leben belastet ist. Hier kann es sein, daß ein Wesensanteil entweder über- oder unterbewertet wurde. In diesem Leben muß ich mich erneut und sehr intensiv mit diesem Teil beschäftigen. Auf jeden Fall habe ich bei einer Konjunktion mit dem absteigenden Mondknoten noch etwas zu erledigen. Ich muß mir den betreffenden Planeten noch einmal ganz genau ansehen, damit er mich mit seiner ungelösten Problematik nicht mehr bestimmt. Gerade bei Konjunktionen mit dem absteigenden Mondknoten ist es wichtig, das Thema aus der früheren Inkarnation zu klären, damit ich mit dem Alten abschließen kann. Auch für die jetzige Inkarnation ist es von großer Bedeutung, den hier verborgenen Konflikt zu lösen, da der betroffene Planet für die Entwicklung eines neuen Potentials frei sein muß.

Planetenkonjunktionen mit dem aufsteigenden Mondknoten sind ein Hinweis darauf, daß ich die Mondknoten-Thematik als Wesensanlage in diesem Leben entwickeln muß. Hier wird die innere Aufgabe zu einem ›Muß‹. Ich komme nicht mehr darum herum, die Problematik zu lösen. Meine Seele hat sich entschlossen, den Entwicklungsschritt auch wirklich zu tun. Bei einer Konjunktion mit dem aufsteigenden Mondknoten bekomme ich ständig einen Stoß nach vorne. Ich fordere mich aus eigenem Antrieb dazu auf, das schon längst Fällige endlich zu leben.

Bei diesen Konjunktionen kann ich aus dem, was ich schon seit langem in mir trage, eine Lebensaufgabe machen. Hier habe ich das tief innere Bedürfnis, die Botschaft meiner Mondknoten-Thematik mit Hilfe des betreffenden Planeten zu realisieren.

Beispielhoroskop

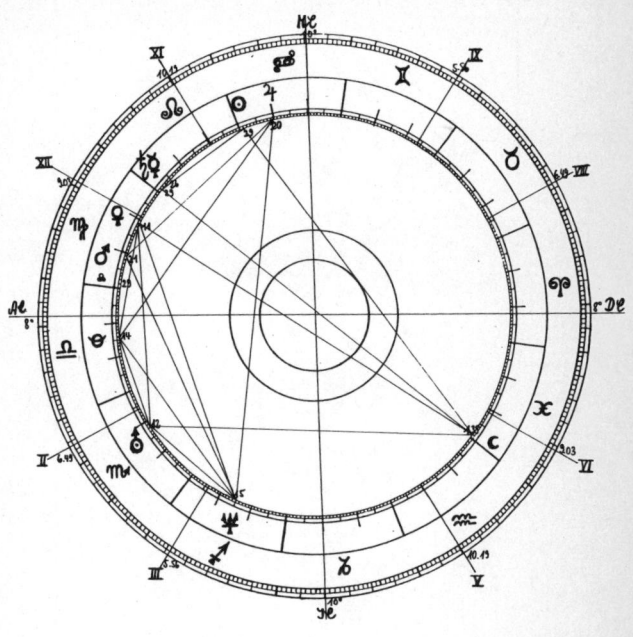

Name	P.	GebTag	22.07.1978	Sternzeit	h m s
Geb.-Ort	München	Geb.-Zeit	11 h 00 m	+/– Ortszeit	h m s
Geogr. Länge	11,6°	Ortszeit	h m	+/– Korrekt.	h m s
Geogr. Breite	48°	Greenwich Weltzeit	h m	Stzt. der Geb.	h m s

Intuitiv
kombinieren

Die Deutung des Horoskops

Nun habe ich Dich mit den einzelnen Bausteinen des Horoskops vertraut gemacht. In jedem Horoskop finden wir aber eine andere Zusammensetzung dieser Bausteine, aus der sich die individuelle Persönlichkeitsstruktur eines Menschen ergibt. Um diese innerseelische Struktur aus dem Horoskop erkennen zu können, brauchen wir unsere Intuition. Wenn wir die einzelnen Kombinationen im Horoskop deuten wollen, müssen wir selbst intuitiv kombinieren. Wir fühlen uns in die Einzelteile ein, die sich, wenn sie in unserem Innern wirklich lebendig geworden sind, ganz von selbst zu einem Gesamtbild zusammenfügen.

Für die Deutung des Horoskops gibt es keine festen Regeln. Durch die unendliche Vielfalt der Kombinationsmöglichkeiten wird natürlich jeder einzelne Baustein im Zusammenhang mit allen anderen wieder individuell gefärbt. Daher kann man die Deutung des Horoskops auch nicht erlernen. Vielmehr ist sie eine Kunst der intuitiven Wahrnehmung, die man in sich selbst entwickeln muß. In diesem Kapitel geht es mir zunächst einmal darum, Dich dahin zu führen, Dein eigenes Horoskop verstehen zu können. Auch bei der Deutung muß man erst einmal bei sich selbst beginnen. So möchte ich Dir einige Wege aufzeigen, wie Du Zugang zu Deinem Horoskop finden kannst.

Die verschiedenen Kombinationsmöglichkeiten im Horoskop sind am Anfang sehr verwirrend. Aus diesem Grund rollen wir das Ganze von vorne auf.

Im Urtierkreis (siehe Zeichnung auf Seite 38) wird jedem Tierkreiszeichen ein Element (Feuer, Erde, Luft, Wasser), eine Qualität (kardinal, fix, veränderlich) und ein

Planet als sogenannter ›Herrscher‹ zugeordnet. Die Verbindung Tierkreiszeichen-Element-Qualität bleibt konstant und stellt eine zusätzliche Definition des Tierkreiszeichens dar. Der ›herrschende‹ Planet hingegen gibt mir nur eine Orientierungshilfe. Die Planeten, und wie wir später sehen werden, auch die astrologischen Häuser, können in jedes Tierkreiszeichen fallen. Daher gleicht kein Horoskop dem anderen. Sogar bei Zwillingsgeburten können sich die Horoskope in einzelnen Punkten stark unterscheiden, wodurch klar wird, warum sich Zwillinge äußerlich oft ähneln wie ein Ei dem anderen, innerlich jedoch sehr verschieden sind, bzw. ähnliche Anlagen auf unterschiedliche Art und Weise verwirklichen.

Doch zurück zu den Planetenzuordnungen im Urtierkreis. Der herrschende Planet des Zeichens Widder ist Mars. Dies will sagen, daß der Inhalt des Zeichens Widder der Energie des Planeten Mars entspricht. Ein Widder-Mars wäre also ein Mars in ›Reinform‹, wenn er auch noch im 1. Haus stünde und keine Aspekte zu berücksichtigen wären. Aber bleiben wir einmal nur bei der Kombination Planet-Tierkreiszeichen.

Ich fühle mich in das Energiepotential und die Intention eines Planeten ein, indem ich mir vorstelle, wie ihn das Tierkreiszeichen färbt. Bei einem Mars in der Jungfrau (siehe Beispielhoroskop auf Seite 139) betrachte ich das Zeichen Jungfrau und verbinde sein Potential mit der Intention des Planeten. Aus diesem Weg entdecke ich, welchen Inhalt es der Planetenenergie verleiht und wie diese zum Ausdruck gebracht werden will.

Damit das Kombinieren anschaulicher und spielerischer wird, legt man beispielsweise die Symbole der Tierkreiszeichen in einen Kreis und setzt die Planeten je nach Kombination darunter. Daraus kann sich eine Mandala-

Meditation ergeben oder ein Gesellschaftsspiel. Dieses spielerische Vorgehen hilft, die Vorstellungskraft anzuregen. Allmählich fühlst Du, wie das Zeichen den Planeten beeinflußt.

Zu zweit oder in einer Gruppe bieten sich Rollenspiele an: ein Jungfrau-Mars sitzt mit einem Widder-Mars im Zugabteil. Sie beginnen eine Unterhaltung über ein bestimmtes Thema, vielleicht über den Grund der Reise, über ihre Hobbies usw. Hierbei kann man seiner Phantasie freien Lauf lassen. Auch hierbei kristallisiert sich beim Spielen das Wesen und das Verhalten des betreffenden Planeten heraus.

Die Kombination Planet-Tierkreiszeichen kennzeichnet eine individuelle Veranlagung meiner Persönlichkeit. Wenn ich mit einem Jungfrau-Mars geboren bin, dann will ich in dieser Inkarnation mit meiner Marskraft Jungfrau-Qualitäten umsetzen und verwirklichen. Daher ist es eine völlig irrige Meinung, die auch noch aus der deterministischen Astrologie stammt, es gäbe für die einzelnen Planeten günstige und ungünstige Zeichen. Wenn es für die Ich-Durchsetzung nur die Ausdrucksform eines ›Widder-haften‹ Mars gäbe, wäre die Menschheit sehr uniform und das Leben wäre sehr eintönig. Außerdem muß der eine eben die Lernerfahrung machen, sich mit den Ellenbogen durchzusetzen, während der andere sein Ich durch Hingabe an den anderen zum Ausdruck bringt.

Wenn man den Urtierkreis tiefer erforscht, findet man, daß er einen vollständigen Zyklus widerspiegelt. Jedes Tierkreiszeichen darin ist von gleicher Wichtigkeit und spielt eine unersetzliche Rolle in der Geschlossenheit des vollendeten Kreises. Würde nur eines fehlen, wäre die Harmonie des Ganzen zerstört. Der Tierkreis spiegelt die Vollkommenheit der Schöpfung. Es ist viel mehr als nur ein astrologisches Symbol, denn er vermittelt uns eine tiefe Einsicht in die Zusammenhänge der Interdependenz und der Wechselwirkung der verschiedenen Energien und ihrer Ausdrucksformen. Denke Dir eines der zwölf Zeichen weg und Du wirst finden, daß die ganze Ordnung nicht mehr stimmt. Das Wort ›Kosmos‹ heißt ›Ordnung‹! Und Chaos, die ›Unordnung‹, die Bewegung und Entwicklung bringt, findet immer nur innerhalb dieses Kreises statt. Damit der einzelne ganz werden kann, muß ›das Ganze‹ vorhanden sein. Somit ist eine Fische-Energie, die sich durch Mars manifestieren will, absolut gleichwertig mit der Energie eines Widder-Mars. Dies zu verstehen ist sehr wichtig, wenn man seine Planetenkräfte entfalten will. Wir kämpfen oft gegen unsere Konstellationen und hindern den Fluß unserer Energien, weil wir von Vorurteilen und Klischeevorstellungen belastet sind.

Dabei setzen wir immer die Maßstäbe unseres sozialen Umfeldes an, die jedoch für unser wahres Selbst und die Verwirklichung unseres Potentials in keinster Weise gültig sein müssen.

Auf welchem Weg auch immer Du Dich an Deine Planeten herantastest, Du wirst erleben, daß das Symbol die tatsächliche Energie in Dir anregt. Du sprichst eine bestimmte Kraft an und sie antwortet Dir. Du erkennst das darin verborgene Potential und fühlst, daß es nach Entfaltung drängt.

Welchen äußeren Rahmen Du suchst, um Deine Energien in die Realität umzusetzen, zeigen die astrologischen Häuser. Das Haus, in dem sich ein Planet befindet, symbolisiert den Lebensbereich, in dem er sich verwirklicht. In unserem Beispielhoroskop fallen das Zeichen Jungfrau und der Planet Mars in das 12. Haus. In diesen Raum bringst Du das Potential des Jungfrau-Mars ein.

Hier findet der Energieaustausch statt. Wie wir im Kapitel über die Häuser gesehen haben, hat jedes Haus ein ganz bestimmtes Thema und birgt damit verbundene konkrete Erfahrungen. Wenn ein Haus von einem oder mehreren Planeten besetzt ist, kannst Du davon ausgehen, daß Du von Kind an mit dieser Hausthematik sehr stark konfrontiert worden bist. Daher stellt man oft fest, daß man mit diesem Lebensbereich sehr vertraut ist und immer wieder auf ihn zurückgreift. Auch Konflikte, die aus der Aspektierung des jeweiligen Planeten hervorgehen, werden sich innerhalb des Erfahrungsraums des betreffenden Hauses manifestieren. Wenn Aspekte auf eine Problematik weisen, dann gibt es zwei Ansatzmöglichkeiten, die zu einer Lösung beitragen können. Die eine Betrachtungsweise geht davon aus, daß das Verhalten des Planeten auf den Lebensbereich des Hauses konditioniert ist. Die Energie wäre damit quasi programmiert, sich in einem engen Umfeld zu entfalten. Aus diesem Ansatz heraus entstanden einige astrologische Theorien, die besagen, daß man die Häuser ›überwinden‹ könne. Man durchbricht einen Wiederholungszwang der Problematik, indem man die Entfaltung des Planetenpotentials auf ein anderes Gebiet verlagert.

Bei der Deutung und dem Umgang mit den Planetenkonstellationen in den Häusern sollte man sich aber nicht festlegen, sondern auf dem Weg des Experimentierens herausfinden, was auf einen selbst zutrifft.

Wenn ich bei der Betrachtung der Häuser von der Reinkarnation ausgehe, dann geben sie mir Aufschluß darüber, daß ich meine Anlagen, seien sie nun konfliktbeladen oder nicht, in den entsprechenden Häusern leben und erleben möchte, um hier an eine alte Problematik anknüpfen und neue Erfahrungen machen zu können. Dabei kann es sein, daß man im Laufe dieses Lebens eine Hausthematik abschließt, es kann aber auch sein, daß man sich dieses Haus gesucht hat, um einen Konflikt zu lösen, der einen daran hindert, die Planetenenergien in diesem Bereich konstruktiv zu entfalten und darin etwas aufzubauen. Die Deutung der Häuser muß also immer unter individuellen Gesichtspunkten geschehen. Ich bin sogar der Ansicht, daß in einem Horoskop beide Möglichkeiten zutreffen können, nämlich daß es einige Hausthematiken gibt, die man nach Lösung einer Problematik nicht mehr braucht. In anderen Lebensbereichen kann man sich endlich entfalten, nachdem das Energiepotential befreit worden ist.

Gerade aus der Deutung der Häuser wird ersichtlich, daß es am wichtigsten ist, sich mit seinen Planetenenergien zu beschäftigen. Vorhin haben wir besprochen, wie man den Inhalt und das Potential eines Planeten erkennen kann.

Wenn Du mit Deinem Horoskop Einsicht in Dein Inneres erhalten willst, solltest Du als erstes ein klares Gefühl für die Kombination Planet-Tierkreiszeichen erlangt haben. Dann weißt Du, was alles in Dir schlummert und geweckt werden will. Wenn Du die einzelnen Planeten spürst, dann wird es Dir nicht mehr schwerfallen, die Aspekte zu deuten. Zum Verständnis der Wechselbeziehungen Deiner Planeten kann es sogar hilfreich sein, wenn Du die eingezeichneten Aspekte einmal ganz wegläßt. Wenn Du, wie in unserem Beispielhoroskop, eine Venus in einem Oppositionsaspekt zum Mond hast, dann versuche einfach, die beiden miteinander sprechen zu lassen. Sei erst ganz die Jungfrau-Venus und höre, was sie zu sagen hat, was sie braucht und was sie geben will. Und dann mach dasselbe mit Deinem Fische-Mond. Dabei wird sehr klar zum Ausdruck kommen, warum sich die einen Planeten in Deinem Horoskop verstehen und sich befruchten und warum die anderen streiten, Angst voreinander haben oder sich gegenseitig schachmatt setzen wollen. Auf diese Weise lernst Du auch, mit Konflikten kreativ umzugehen. Indem Du die Energien lebendig machst, setzt Du einen Prozeß der Lösung und Befreiung in Gang.

Wegschauen und ablehnen bedeutet Unterdrückung und Stagnation. Hinschauen und annehmen hingegen heißt, sich die Aufmerksamkeit zu schenken, auf die all das Unerlöste in uns wartet, um endlich wachsen zu können.

Kreative
Begegnung

Ein paar Worte zum Deutungsgespräch

Bisher konnten wir unsere Reise zu den Sternen gemeinsam tun. Ich habe Dich begleitet und vielleicht zu manch einer neuen Entdeckung geführt. Nun mußt Du Deine Eindrücke verarbeiten und das Deine daraus machen. Dafür gibt es keine Anleitung, keine Methode, kein Schema ›F‹. Alles, was Du jetzt brauchst, ist Deine eigene Kreativität und Deine Intuition. Dazu gehört Mut, denn in diesem Bereich gibt es keine Garantie. Es kann Dir passieren, daß Du Dich täuschst, daß Du fehlinterpretierst, weil Du Dich nie völlig von Deiner Subjektivität lösen kannst.

Wenn Du einem anderen Menschen das Horoskop deutest, bist Du immer mit im Spiel. Die Deutung ist Deine Schöpfung. Deshalb kommt es darauf an, mit welcher Motivation Du Dein Wissen vermitteln willst. Beziehe den anderen immer in Deine Schöpfung ein. Halte keinen Monolog, sondern werde zu einem Medium, einem Vermittler.

Die Deutung des Horoskops ist wie ein Puzzlespiel. Du setzt ein Teilchen an das andere, bis sich ein klares Bild ergibt. Vor dem Deutungsgespräch mit dem Horoskopeigner meditierst Du über sein Horoskop. Setz Dich ganz einfach davor und lasse es auf Dich wirken.

Es ist nicht wichtig, Dir jetzt schon Formulierungen zurechtzulegen, die Du später beim Gespräch verwenden willst. Die Deutung muß spontan geschehen – dann, wenn der andere da ist.

Denn selbst, wenn Du für Dich weißt, welche Bedeutung ein Aspekt oder eine bestimmte Konstellation im Horoskop hat, kannst Du vorher nie wissen, wie sie sich beim anderen nun tatsächlich äußert.

Man darf nie vergessen, daß sogar Menschen mit gleichem Horoskop individuell verschieden sind. Sogar zwei gleiche Horoskope können sich nach außen hin in den verschiedensten Gestaltungen manifestieren. Es hat also keinen Sinn, sich vorher etwas zurechtzulegen. Laß den anderen kommen und dann laß es laufen.

Sei so offen wie möglich, damit Du den anderen in nichts hineinzwängst, was ihm nicht paßt. Das Horoskop, das Du in den Händen hältst, ist nur der Grundriß einer Persönlichkeit, die Dir nun begegnet. Du kannst diesen Plan dazu benutzen, dem anderen Klarheit über seine innere Struktur zu verschaffen. Aber denke immer wieder daran, daß Du nur den Plan besitzt. Du hast das Haus nie wirklich gesehen. Du kannst es Dir vielleicht vorstellen, aber wie der Eigentümer die Einrichtung und das Äußere nun wirklich gestaltet hat, entzieht sich Deiner Kenntnis.

Nun aber ist er zu Dir gekommen und Du kannst gespannt sein, was er aus seinem Haus gemacht hat. Ein Horoskop zu deuten wird niemals zur Routine. Auch wenn Du zum hundertsten Mal ein Mond-Saturn-Quadrat interpretierst, ist es doch nie dasselbe. Du selbst lernst dabei immer dazu. Die Vielfalt der Deutung ist so groß wie die Vielfältigkeit der Menschen.

Wenn Dir Dein Besucher gegenübersitzt, gib ihm als erstes ein gutes Gefühl. Er ist gekommen, weil er etwas über sich erfahren will, weil er dazulernen und klarer werden will. Zeig ihm also, daß es in diesem Moment wirklich ganz und ausschließlich um ihn geht. Er darf sich zeigen, wie er gerade ist, kann seine Probleme und seine Ängste aussprechen. Das Horoskop soll ihm helfen, sie konkret zu machen und die Verwirrung aufzulösen.

Sei so entspannt wie möglich, denn dann bist Du wirklich beim anderen. Das spürt er und gewinnt Vertrauen.

Wenn Du verkrampft bist, bist Du mit Dir selbst beschäftigt. Dann machst Du aus dieser Begegnung einen Ego-Trip. Du willst Dich profilieren, eine Leistung erbringen, dem anderen zeigen, was Du kannst. Kurz, Du machst ein kleines Machtspielchen, weil Du vorgibst, etwas zu wissen, was der andere nicht weiß. Dann kann nichts in Fluß kommen und der andere wird Dich verwirrter und verängstigter verlassen als zuvor. Selbst wenn Du ihm ein paar Patentrezepte zur Linderung seiner Leiden mit auf den schweren Weg gegeben hast, wird er Dir nicht dankbar dafür sein. Auch hier sei Dir bewußt, daß Du nicht wissen kannst, was einem anderen hilft. Du kannst ihm nur Lösungswege aufzeigen, ihm Anregungen geben und ihm Deine Ideen zur Lösung seines Problems mitteilen.

Ein Horoskop zu deuten, birgt immer die Gefahr der Manipulation. Ich muß mir sehr klar darüber sein, daß ich den anderen mit meinen Worten berühre und sie ihn beeinflussen. Ich habe eine große Verantwortung, wenn ich mit meinem Können wirklich etwas geben will. Ich darf keinen Ego-Trip machen und muß mir doch stets bewußt sein, daß mein Ego mit dabei ist. Schließlich bin ich es, der die Symbolsprache des Horoskops übersetzt. Daher ist es so wichtig, sich des anderen bewußt zu sein und ihn voll miteinzubeziehen. Nur dann findet ein wahrer Austausch statt, eine kreative Begegnung.

Leben
mit dem
Horoskop

Die Kenntnis Deines Horoskops bewirkt eine tiefe Veränderung in Dir und Deinem Leben. Vieles, was Du vorher nur sehr verschwommen wahrgenommen hast, ist nun zu einer Realität geworden. Du weißt, welche Kräfte in Dir zur Wirkung kommen und was sie im einzelnen bedeuten. Du erkennst Dein Potential und die Möglichkeiten, die in Dir verborgen liegen. Ebenso findest Du Deine blinden Flecken, die Kräfte in Dir, die Du unterdrückst oder mit denen Du — aus welchem Grund auch immer —, nichts zu tun haben willst. Im Horoskop siehst Du Deine Konflikte schwarz auf weiß. Sie zeichnen sich ab wie dunkle Wolken am Himmel. Du gewinnst tiefe Einsicht in die Hintergründe und die Zusammenhänge Deiner Seelenstruktur. Dies alles hilft Dir, Dich selbst zu verstehen. Wo Du vorher wie ein Schattenboxer gekämpft hast, bekommst Du jetzt konkrete Anhaltspunkte, und weißt, wo Du ansetzen kannst. Deine Probleme bleiben nicht länger etwas, das Dich belastet, schwächt oder krank macht — kurz, etwas, das Dich zum Leiden bringt —, sondern vielmehr liefern sie Dir einen Schlüssel zu Deiner Wahrheit.

Mit dem Horoskop kannst Du die Tür zu Deinem wahren Selbst öffnen. Damit will ich nicht sagen, daß die Kenntnis Deines Horoskops allein genügt, um Deine Probleme zu lösen und zu Dir selbst zu finden. Das Horoskop ist Dein Spiegelbild, ein Spiegel für Deine innerseelische Struktur. Wenn Du Deinen Körper in einem Spiegel betrachtest und nur lakonisch feststellst: »Aha, das bin ich«, oder »ich bin schön oder häßlich, oder dick oder dünn...«, dann hilft Dir das keinen Schritt weiter. Es gibt Menschen, die ihr Horoskop wieder nur dazu benutzen, sich selbst zu rechtfertigen oder um Mitleid oder Beifall für ihr leidgeprüftes Ego zu buhlen. Das ist so, als würden sie tagein, tagaus ihren Spiegel vor sich hertragen, um sich selbst und den anderen zu zeigen: »Schaut her, das bin ich.« Dann bleiben meine Sonne, mein Mond, mein Mars und all die anderen Kräfte ein Stempel, wie eine Definition im Reisepaß: Nationalität deutsch, Familienstand ledig usw. Ein Spiegelbild ist tot, das Horoskop ist tot. Nicht das, was Du siehst, macht Dich zu dem, was Du bist. Das Bild kann Dich nicht lebendig machen. Und doch hat es eine sehr wichtige Funktion: es dient Deiner Wahrnehmung. Du betrachtest Dein Abbild und Du wirst neugierig. Du bekommst Lust, zu entdecken, zu erforschen, zu erproben. Das Bild regt Dich an. Es inspiriert Dich, das, was Du da siehst, lebendig werden zu lassen und es in die Wirklichkeit umzusetzen. Und noch mehr: es zeigt Dir ganz klar und deutlich, was alles da ist. Du kannst jetzt sicher sein, daß diese ›Einzelteile‹ in Dir existieren. Was Du vielleicht vorher schon gespürt hast, wird Dir im Horoskop bestätigt. Das gibt Dir enorm viel Kraft und Schwung. Du traust Dich jetzt ein wenig näher an Dein Inneres heran, weil Du von einem allmächtigen Schicksal befreit bist (außer Du warst beim falschen Astrologen!). Dein Seelenleben erscheint Dir nicht mehr wie ein wildes Durcheinander. Das Chaos lichtet sich. Und mit zunehmender Klarheit beginnst Du, Dich anzunehmen in Deiner Vielfalt, Deiner Widersprüchlichkeit. Dann übernimmst Du Verantwortung für Dich selbst, weil das, was Du bist, allmählich einen Sinn für Dich ergibt. Und mit wachsendem Vertrauen findest Du wieder Spaß daran, Dich mit klarer Orientierung auf das Abenteuer Leben einzulassen. Du stürzt Dich nicht mehr blind in die Gefahr. Dein Weg führt nicht länger ins Ungewisse. Du folgst dem Leuchten Deiner Sterne, dem Strahlen Deiner Energien. Du bringst Licht in die Dunkelheit, Wärme in die Kälte, Fülle in die Leere, Dich in das Nichts!

Nachwort

Worte verschlüsseln die Bilder der Seele.
Meine Worte zu verstehen meint,
die Augen zu schließen
und auf die Bilder zu schauen,
die ihr Klang ins Bewußtsein zaubert.
Jeder soll daraus seine eigene Wirklichkeit gestalten.
So kann die Sprache helfen,
den verborgenen Schlüssel zu finden.
Die Tür zu öffnen,
liegt in Dir selbst.

Wer sein Horoskop besitzt, weiß, welches Geschenk die Astrologie zu geben hat. Ich hoffe, daß dieses Buch dazu beiträgt, dies zu erkennen als einen Weg, sich leicht und spielerisch auf sich selbst einzulassen.

...denn Du bist genau so, wie Du sein sollst. Beginne, Dich zu lieben und zu leben!

ESOTERISCHES WISSEN

DER SCHLÜSSEL ZUR INNEREN WEISHEIT

Wege und Wahrheiten
für ein besseres und erfolgreiches Leben

08/9563

08/9568

08/9567

08/9569

08/9570

08/9571

WILHELM HEYNE VERLAG
MÜNCHEN

ESOTERISCHES WISSEN

DER SCHLÜSSEL ZUR INNEREN WEISHEIT

Wege und Wahrheiten für ein besseres und erfolgreiches Leben

08/9574

08/9573

08/9577

08/9588

08/9590

08/9589

WILHELM HEYNE VERLAG
MÜNCHEN